Die Magna Carta

Anonym

Writat

Diese Ausgabe erschien im Jahr 2023

ISBN: 9789359250229

Herausgegeben von
Writat
E-Mail: info@writat.com

Nach unseren Informationen ist dieses Buch gemeinfrei.
Dieses Buch ist eine Reproduktion eines wichtigen historischen Werkes. Alpha
Editions verwendet die beste Technologie, um historische Werke in der gleichen
Weise zu reproduzieren, wie sie erstmals veröffentlicht wurden, um ihre
ursprüngliche Natur zu bewahren. Alle sichtbaren Markierungen oder Zahlen
wurden absichtlich belassen, um ihre wahre Form zu bewahren.

Inhalt

Der Text der Magna Carta ....- 1 -
Magna Carta 1215 ....- 13 -
Der Text der MAGNA CARTA ....- 25 -

Der Text der Magna Carta

JOHANNES, von Gottes Gnaden König von England, Herr von Irland, Herzog der Normandie und Aquitanien und Graf von Anjou, an seine Erzbischöfe, Bischöfe, Äbte, Grafen, Barone, Richter, Förster, Sheriffs, Verwalter, Diener und an Alle seine Beamten und treuen Untertanen, Gruß.

WISSEN SIE DAS VOR GOTT, für die Gesundheit unserer Seele und der unserer Vorfahren und Erben, zur Ehre Gottes, zur Erhöhung der heiligen Kirche und zur besseren Ordnung unseres Königreichs, auf Anraten unserer ehrwürdigen Väter Stephen, Erzbischof von Canterbury, Primas von ganz England und Kardinal der Heiligen Römischen Kirche, Henry, Erzbischof von Dublin, William, Bischof von London, Peter, Bischof von Winchester, Jocelin, Bischof von Bath und Glastonbury, Hugh, Bischof von Lincoln, Walter, Bischof von Worcester, William , Bischof von Coventry, Benedikt, Bischof von Rochester, Subdiakon Meister Pandulf und Mitglied des päpstlichen Haushalts, Bruder Aymeric , Meister der Ritterschaft des Tempels in England, William Marschall, Graf von Pembroke, William, Graf von Salisbury, William, Graf von Warren, William, Graf von Arundel , Alan de Galloway Constable von Schottland, Warin Fitz Gerald, Peter Fitz Herbert, Hubert de Burgh Seneschall von Poitou, Hugh de Neville, Matthew Fitz Herbert, Thomas Basset, Alan Basset, Philip Daubeny, Robert de Roppeley , John Marshal, John Fitz Hugh und andere treue Untertanen:

(1) Erstens, dass wir Gott gewährt und durch diese vorliegende Charta für uns und unsere Erben auf ewig bestätigt haben, dass die englische Kirche frei sein soll und dass ihre Rechte unvermindert und ihre Freiheiten unbeeinträchtigt sein sollen. Dass dies so beachtet werden soll, geht aus der Tatsache hervor, dass wir vor Ausbruch des gegenwärtigen Streits zwischen uns und unseren Baronen aus freien Stücken die Freiheit der Wahlen der Kirche gewährt und durch eine Charta bestätigt haben — ein Recht, das uns zusteht war für sie von größter Notwendigkeit und Bedeutung - und ließ dies von Papst Innozenz III. bestätigen. Diese Freiheit werden wir selbst wahren und wünschen, dass unsere Erben sie auf ewig in gutem Glauben wahrnehmen.

ALLEN FREIEN MÄNNERN UNSERES KÖNIGREICHS haben wir auch für uns und unsere Erben für immer alle unten aufgeführten Freiheiten gewährt, um sie und ihre Erben, von uns und unseren Erben zu haben und zu behalten:

(2) Wenn ein Graf, Baron oder eine andere Person, die Ländereien direkt der Krone für den Militärdienst besitzt, stirbt und sein Erbe bei seinem Tod volljährig sein und eine „Vergünstigung" schulden muss, so soll der Erbe

sein Eigentum haben Erbschaft gegen Zahlung der alten „Erleichterungsskala". Das heißt, der Erbe oder die Erben eines Grafen zahlen 100 für die gesamte Baronie des Grafen, der Erbe oder die Erben eines Ritters 100. höchstens das gesamte „Honorar" des Ritters, und jeder Mann, der weniger schuldet, soll weniger zahlen, gemäß dem alten Gebrauch von „Honorar".

(3) Wenn der Erbe einer solchen Person jedoch minderjährig ist und ein Mündel hat, soll er, wenn er volljährig ist, sein Erbe ohne „Erleichterung" oder Geldstrafe erhalten.

(4) Der Vormund des Landes eines minderjährigen Erben darf daraus nur angemessene Einnahmen, übliche Abgaben und feudale Dienste beziehen. Er muss dies ohne Zerstörung oder Beschädigung von Menschen oder Eigentum tun. Wenn wir die Vormundschaft über das Land einem Sheriff oder einer anderen Person übertragen haben, die uns gegenüber für die Einnahmen verantwortlich ist, und er Zerstörung oder Schaden begeht, werden wir von ihm eine Entschädigung verlangen, und das Land wird zwei würdigen und umsichtigen Männern anvertraut des gleichen „Gebührs", der uns oder der Person, der wir sie zugewiesen haben, für die Einnahmen verantwortlich ist. Wenn wir irgendjemandem die Vormundschaft über dieses Land übertragen oder verkauft haben und er Zerstörung oder Schaden anrichtet, verliert er die Vormundschaft darüber und es wird an zwei würdige und umsichtige Männer mit demselben „Gebühr" übergeben, die es tun Seien Sie uns gegenüber ebenfalls verantwortlich.

(5) Solange ein Vormund die Vormundschaft für dieses Land innehat, muss er die Häuser, Parks, Fischgehege, Teiche, Mühlen und alles andere, was dazu gehört, aus den Einkünften des Landes selbst unterhalten. Wenn der Erbe volljährig wird, soll er ihm das gesamte Land zurückgeben, ausgestattet mit Pfluggespannen und solchen landwirtschaftlichen Geräten, wie es die Jahreszeit erfordert und die Einkünfte aus dem Land angemessen verkraften können.

(6) Erben können verheiratet werden, jedoch nicht mit jemandem mit niedrigerem sozialen Status. Bevor eine Ehe geschlossen wird, muss sie den nächsten Angehörigen des Erben mitgeteilt werden.

(7) Nach dem Tod ihres Mannes kann eine Witwe ihren Eheanteil und ihr Erbe sofort und ohne Schwierigkeiten erhalten. Sie zahlt nichts für ihre Mitgift, ihren Heiratsanteil oder das Erbe, das sie und ihr Mann am Tag seines Todes gemeinsam besaßen. Sie darf nach seinem Tod vierzig Tage lang im Haus ihres Mannes bleiben, und innerhalb dieser Frist wird ihr die Mitgift zugeteilt.

(8) Keine Witwe darf zur Heirat gezwungen werden, solange sie ohne Ehemann bleiben möchte. Aber sie muss die Gewissheit geben, dass sie nicht ohne die Zustimmung des Königs heiraten wird, wenn sie ihre Ländereien der Krone besitzt, oder ohne die Zustimmung eines anderen Herrn, den sie besitzen mag.

(9) Weder wir noch unsere Beamten werden zur Begleichung einer Schuld Land oder Pacht beschlagnahmen, solange der Schuldner über ausreichende bewegliche Güter verfügt, um die Schulden zu begleichen. Die Bürgschaften eines Schuldners dürfen nicht gepfändet werden, solange der Schuldner seine Schulden selbst begleichen kann. Ist der Schuldner mangels Mitteln nicht in der Lage, seine Schulden zu begleichen, haften dafür seine Bürgen. Wenn sie es wünschen, können sie über die Grundstücke und Pachtzinsen des Schuldners verfügen, bis sie die Schulden, die sie für ihn bezahlt haben, beglichen haben, es sei denn, der Schuldner kann nachweisen, dass er seine Verpflichtungen ihnen gegenüber beglichen hat.

(10) Wenn jemand, der einen Geldbetrag von Juden geliehen hat, stirbt, bevor die Schulden zurückgezahlt sind, muss sein Erbe, solange er minderjährig ist, keine Zinsen für die Schulden zahlen, unabhängig davon, wer sein Land besitzt. Wenn eine solche Schuld in die Hände der Krone fällt, wird diese nichts außer der in der Anleihe angegebenen Kapitalsumme verlangen.

(11) Wenn ein Mann stirbt, weil er den Juden Geld schuldet, darf seine Frau ihre Mitgift erhalten und nichts für die Schulden bezahlen. Hinterlässt er minderjährige Kinder, kann auch für deren Bedarf in einem der Größe seines Grundbesitzes angemessenen Umfang gesorgt werden. Die Schulden sollen aus dem Restbetrag beglichen werden, wobei die ihm zustehende Leistung seinen Lehnsherren vorbehalten bleibt. Ebenso ist mit Schulden gegenüber anderen Personen als Juden zu verfahren.

(12) In unserem Königreich darf ohne seine allgemeine Zustimmung keine „Scutage" oder „Hilfe" erhoben werden, es sei denn, es handelt sich um das Lösegeld unserer Person, um unseren ältesten Sohn zum Ritter zu machen und (einmal) unsere älteste Tochter zu heiraten. Für diese Zwecke darf nur eine angemessene „Beihilfe" erhoben werden. Ebenso sollen „Beihilfen" der Stadt London behandelt werden.

(13) Die Stadt London genießt alle ihre alten Freiheiten und freien Bräuche, sowohl zu Lande als auch zu Wasser. Wir wollen und gewähren auch, dass alle anderen Städte, Bezirke, Gemeinden und Häfen alle ihre Freiheiten und freien Bräuche genießen.

(14) Um die allgemeine Zustimmung des Reiches zur Beurteilung einer „Aid" – außer in den drei oben genannten Fällen – oder einer „Scutage"

einzuholen, werden wir die Erzbischöfe, Bischöfe, Äbte, Grafen und Großbarone dazu veranlassen einzeln per Brief einberufen werden. Für diejenigen, die direkt von uns Ländereien besitzen, werden wir durch die Sheriffs und andere Beamte eine allgemeine Vorladung veranlassen, sich an einem festgelegten Tag (mindestens vierzig Tage im Voraus anzukündigen) und an einem festgelegten Ort zu treffen. In allen Vorladungsschreiben wird der Grund der Vorladung angegeben. Nach erfolgter Vorladung werden die für den Tag anberaumten Geschäfte nach dem Beschluss der Anwesenden weitergeführt, auch wenn nicht alle Geladenen erschienen sind.

(15) In Zukunft werden wir niemandem erlauben, von seinen freien Männern eine „Hilfe" zu verlangen, außer um seine Person freizukaufen, seinen ältesten Sohn zum Ritter zu machen und (einmal) seine älteste Tochter zu heiraten. Für diese Zwecke darf nur eine angemessene „Beihilfe" erhoben werden.

(16) Niemand darf gezwungen werden, für den „Honorar" eines Ritters oder anderen unentgeltlichen Landbesitz mehr Dienste zu leisten, als ihm zusteht.

(17) Ordentliche Klagen sollen nicht vor dem königlichen Gericht stattfinden, sondern an einem bestimmten Ort stattfinden.

(18) Anträge auf Novel Disseisin, Mort d'Ancestor und Darrein Presentment dürfen nur vor dem zuständigen Bezirksgericht gestellt werden. Wir selbst oder in unserer Abwesenheit im Ausland unser Oberster Richter werden viermal im Jahr zwei Richter in jeden Kreis entsenden, und diese Richter werden zusammen mit vier vom Kreis selbst gewählten Rittern des Kreises die Schwurgerichte im Kreisgericht abhalten am Tag und an dem Ort, an dem das Gericht tagt.

(19) Wenn am Tag des Bezirksgerichts keine Schwurgerichte angenommen werden können, sollen von denen, die am Gericht teilgenommen haben, danach so viele Ritter und Grundbesitzer zurückbleiben, wie unter Berücksichtigung des Umfangs für die Rechtspflege ausreichen zu erledigendes Geschäft.

(20) Bei einem Bagatelldelikt soll ein freier Mensch nur im Verhältnis zur Schwere seines Vergehens bestraft werden, bei einem schweren Vergehen entsprechend, jedoch nicht so hoch, dass ihm der Lebensunterhalt entzogen wird. Ebenso soll ein Kaufmann von seinen Waren verschont bleiben und ein Landwirt von den Geräten seiner Wirtschaft, wenn sie der Gnade eines königlichen Hofes zum Opfer fallen. Keine dieser Geldstrafen darf verhängt werden, es sei denn, es handelt sich um eine eidesstattliche Beurteilung durch angesehene Männer aus der Nachbarschaft .

(21) Grafen und Barone dürfen nur von ihresgleichen und im Verhältnis zur Schwere ihrer Straftat mit einer Geldstrafe belegt werden.

(22) Eine Geldstrafe, die gegen das Laienvermögen eines Ordensschreibers verhängt wird, wird nach denselben Grundsätzen festgesetzt, ohne Rücksicht auf den Wert seiner kirchlichen Pfründe.

(23) Keine Stadt und keine Person darf gezwungen werden, Brücken über Flüsse zu bauen, es sei denn, sie haben eine alte Verpflichtung dazu.

(24) Kein Sheriff, Polizist, Gerichtsmediziner oder andere königliche Beamte dürfen Klagen führen, die den königlichen Richtern obliegen sollten.

(25) Alle Grafschaften, Hundert, Wapentake und Zehnten sollen bei ihrem alten Mietzins bleiben, ohne Erhöhung, mit Ausnahme der königlichen Grundherrschaften.

(26) Wenn ein Sheriff oder königlicher Beamter beim Tod eines Mannes, der ein Laienhonorar der Krone innehat, ein königliches Vorladungspatent für eine der Krone geschuldete Schuld vorlegt, ist es ihm rechtmäßig, diese zu beschlagnahmen und aufzulisten bewegliche Güter, die im Laienhonorar des Verstorbenen gefunden wurden, in Höhe des von würdigen Männern geschätzten Wertes der Schuld. Es darf nichts entfernt werden, bis die gesamte Schuld beglichen ist, dann wird der Rest den Testamentsvollstreckern übergeben, um den Willen des Verstorbenen auszuführen. Wenn keine Schulden gegenüber der Krone bestehen, gelten alle beweglichen Güter als Eigentum des Verstorbenen, mit Ausnahme der angemessenen Anteile seiner Frau und seiner Kinder.

(27) Wenn ein freier Mann ohne Testament stirbt, müssen seine beweglichen Güter von seinen nächsten Angehörigen und Freunden unter der Aufsicht der Kirche verteilt werden. Die Rechte seiner Schuldner sind zu wahren.

(28) Kein Polizist oder anderer königlicher Beamter darf von jemandem Mais oder andere bewegliche Güter ohne sofortige Bezahlung annehmen, es sei denn, der Verkäufer bietet freiwillig einen Aufschub dieser Zahlung an.

(29) Kein Polizist darf einen Ritter dazu zwingen, Geld für die Burgwache zu zahlen, wenn der Ritter bereit ist, die Wache persönlich zu übernehmen, oder wenn er einen triftigen Grund hat, einen anderen geeigneten Mann dafür zu stellen. Ein Ritter, der zum Militärdienst genommen oder geschickt wird, ist für die Dauer dieses Dienstes von der Burgwache befreit.

(30) Kein Sheriff, kein königlicher Beamter oder eine andere Person darf einem freien Mann ohne dessen Zustimmung Pferde oder Karren zum Transport wegnehmen.

(31) Weder wir noch ein königlicher Beamter werden ohne Zustimmung des Eigentümers Holz für unser Schloss oder für andere Zwecke nehmen.

(32) Wir werden die Ländereien von Menschen, die wegen eines Verbrechens verurteilt wurden, nicht länger als ein Jahr und einen Tag in unserer Hand behalten, danach werden sie an die Herren der betreffenden „Gebühren" zurückgegeben.

(33) Alle Fischwehre sollen von der Themse, dem Medway und in ganz England, außer an der Meeresküste, entfernt werden.

(34) Der als „Precipe" bezeichnete Gerichtsbeschluss soll in Zukunft niemandem in Bezug auf Landbesitz ausgestellt werden, wenn einem freien Mann dadurch das Recht auf ein Verfahren vor dem Gericht seines eigenen Herrn entzogen werden könnte.

(35) Im ganzen Königreich soll es Standardmengen an Wein, Bier und Mais (im Londoner Viertel) geben. Es muss auch eine Standardbreite aus gefärbtem Stoff, Russett und Kurzwaren vorhanden sein , nämlich zwei Ellen innerhalb der Webkanten. Gewichte sind ebenfalls zu standardisieren
.

(36) Für die Erteilung eines Untersuchungsbescheids über Leib und Leben soll künftig kein Entgelt oder Entgelt mehr gezahlt oder angenommen werden. Es soll kostenlos gegeben und nicht verweigert werden.

(37) Wenn ein Mann Land der Krone durch „Fee-Farm", „Socage" oder „Burgage" besitzt und auch Land von jemand anderem für den Ritterdienst besitzt, haben wir weder die Vormundschaft über seinen Erben noch über den Land, das aufgrund der „Fee-Farm", des „Socage" oder der „Burgage" zur „Fee" der anderen Person gehört, es sei denn, die „Fee-Farm" schuldet Ritterdienste. Wir werden nicht die Vormundschaft über den Erben eines Mannes oder über Land haben, das er von jemand anderem besitzt, aufgrund eines kleinen Eigentums, das er von der Krone für einen Dienst an Messern, Pfeilen oder Ähnlichem besitzt.

(38) Künftig darf kein Beamter einen Mann wegen seiner eigenen, nicht belegten Aussage vor Gericht stellen, ohne glaubwürdige Zeugen für die Wahrheit dieser Aussage vorzuweisen.

(39) Kein freier Mann darf beschlagnahmt oder eingesperrt werden oder seiner Rechte oder Besitztümer beraubt oder geächtet oder verbannt oder auf andere Weise seines Ansehens beraubt werden, noch werden wir mit Gewalt gegen ihn vorgehen oder andere dazu schicken , außer durch das rechtmäßige Urteil seiner Gleichen oder durch das Gesetz des Landes.

(40) An niemanden werden wir verkaufen, an niemanden werden wir Recht oder Gerechtigkeit leugnen oder verzögern.

(41) Alle Kaufleute können unversehrt und ohne Furcht nach England einreisen oder es verlassen und sich zu Handelszwecken auf dem Land- oder Wasserweg dort aufhalten oder darin reisen, frei von allen illegalen Forderungen, in Übereinstimmung mit alten und rechtmäßigen Bräuchen. Dies gilt jedoch in Kriegszeiten nicht für Kaufleute aus einem Land, das sich mit uns im Krieg befindet. Solche Kaufleute, die bei Kriegsausbruch in unserem Land angetroffen werden, werden ohne Verletzung ihrer Personen oder ihres Eigentums festgehalten, bis wir oder unser Oberster Richter herausgefunden haben, wie unsere eigenen Kaufleute in dem Land behandelt werden, das mit uns Krieg führt. Wenn unsere eigenen Händler sicher sind, werden sie auch sicher sein.

(42) In Zukunft soll es jedem erlaubt sein, unser Königreich unverletzt und ohne Furcht zu Lande oder zu Wasser zu verlassen und dorthin zurückzukehren und dabei seine Treue zu uns zu wahren, außer in Kriegszeiten, für kurze Zeit zum Wohle der Allgemeinheit des Reiches. Ausgenommen von dieser Bestimmung sind Personen, die gemäß den Gesetzen des Landes inhaftiert oder geächtet wurden, Personen aus einem Land, das sich mit uns im Krieg befindet, und Kaufleute, mit denen wie oben beschrieben verfahren wird.

(43) Wenn ein Mann Ländereien in unserer Hand hält, bei denen es sich um „ Ehreat" handelt, wie zum Beispiel die „ Ehre " von Wallingford, Nottingham, Boulogne, Lancaster, oder um andere „Ehreat"-Ländereien, bei denen es sich um Baronien handelt, soll sein Erbe bei seinem Tod nur uns geben die „Entlastung" und die Dienste, die er dem Baron erwiesen hätte, wenn die Baronie in der Hand des Barons gewesen wäre. Wir werden den „Escheat" auf die gleiche Weise durchführen, wie der Baron ihn durchgeführt hat.

(44) Personen, die außerhalb des Waldes wohnen, müssen sich künftig nicht mehr auf allgemeine Vorladungen vor den königlichen Richtern des Waldes begeben, es sei denn, sie sind tatsächlich an einem Verfahren beteiligt oder Bürgen für jemanden, der wegen einer Forststraftat verhaftet wurde.

(45) Wir werden als Richter, Polizisten, Sheriffs oder andere Beamte nur Männer ernennen, die das Gesetz des Reiches kennen und darauf bedacht sind, es gut einzuhalten.

(46) Alle Barone, die Abteien gegründet haben und Urkunden englischer Könige oder alte Amtszeiten als Beweis dafür besitzen, können die ihnen zustehende Vormundschaft über sie haben, wenn es keinen Abt gibt.

(47) Alle Wälder, die unter unserer Herrschaft entstanden sind, sollen sofort abgeholzt werden. Flussufer, die während unserer Herrschaft umschlossen wurden, sollen ähnlich behandelt werden.

(48) Alle bösen Bräuche im Zusammenhang mit Wäldern und Gehegen, Förstern, Gehegen, Sheriffs und ihren Dienern oder Flussufern und ihren Wächtern müssen in jedem Landkreis sofort und innerhalb von vierzig Tagen von zwölf geschworenen Rittern des Landkreises untersucht werden Ihrer Untersuchung zufolge sollen die bösen Bräuche vollständig und unwiderruflich abgeschafft werden. Aber wir oder unser Oberster Richter, wenn wir nicht in England sind, müssen zuerst informiert werden.

(49) Wir werden alle Geiseln und Urkunden, die uns von Engländern als Sicherheit für den Frieden oder für treue Dienste übergeben wurden, sofort zurückgeben. ***Hier waren einige seltsame Charaktere, die nicht vollständig entfernt wurden

(50) Wir werden die Verwandten von Gerard de Ath , Peter, Guy, und Andrew de Chanceaux , Guy de Cigogne , vollständig aus ihren Ämtern entfernen, und in Zukunft werden sie keine Ämter mehr in England bekleiden. Bei den Personen handelt es sich um Engelard de Cigogn , Geoffrey de Martigny und seine Brüder, Philip Marc und seine Brüder sowie Geoffrey, seinen Neffen, und alle ihre Anhänger.

* Sobald der Frieden wiederhergestellt ist, werden wir alle fremden Ritter, Bogenschützen, ihre Diener und Söldner, die ihm mit Pferden und Waffen Schaden zugefügt haben, aus dem Königreich entfernen.

* Jedem Menschen, dem wir Ländereien, Burgen, Freiheiten oder Rechte entzogen oder enteignet haben, ohne das rechtmäßige Urteil seiner Gleichen einzuholen, werden wir diese sofort wiederherstellen. In Streitfällen wird die Angelegenheit durch das Urteil der fünfundzwanzig Barone entschieden, auf die unten in der Klausel zur Friedenssicherung Bezug genommen wird. In Fällen jedoch, in denen einem Mann etwas entzogen oder enteignet wurde, ohne dass unser Vater, König Heinrich, oder unser Bruder, König Richard, das rechtmäßige Urteil seinesgleichen eingeholt hatten, und es in unseren Händen bleibt oder im Rahmen unserer Garantie von anderen gehalten wird, werden wir dies tun Aufschub für den Zeitraum, der Kreuzfahrern üblicherweise gewährt wird, es sei denn, es wurde ein Gerichtsverfahren eingeleitet oder eine Untersuchung auf unseren Befehl hin durchgeführt, bevor wir als Kreuzfahrer das Kreuz annahmen. Bei unserer Rückkehr vom Kreuzzug oder wenn wir ihn aufgeben, werden wir sofort für volle Gerechtigkeit sorgen.

* Wir werden eine ähnliche Frist haben, wenn es darum geht, Gerechtigkeit im Zusammenhang mit Wäldern zu üben, die abgeholzt werden sollen oder Wälder bleiben sollen, wenn diese zum ersten Mal von unserem Vater Henry oder unserem Bruder Richard aufgeforstet wurden; mit der Vormundschaft über Ländereien in Form einer Gebühr einer anderen Person , wenn wir diese bisher aufgrund einer Gebühr hatten, die

von einem Dritten für Ritterdienste von uns erhoben wurde; und bei Abteien, die in einer Gebühr einer anderen Person gegründet wurden , an der der Herr der Gebühr Anspruch darauf erhebt, ein Recht zu besitzen. Bei unserer Rückkehr vom Kreuzzug oder wenn wir ihn aufgeben, werden wir den Beschwerden über diese Angelegenheiten sofort voll und ganz gerecht.

* Niemand darf aufgrund der Berufung einer Frau wegen des Todes einer anderen Person als ihres Mannes verhaftet oder inhaftiert werden.

* Alle Geldstrafen, die uns zu Unrecht und gegen das Gesetz des Landes auferlegt wurden, und alle Geldstrafen, die wir zu Unrecht verhängt haben, werden vollständig erlassen oder die Angelegenheit wird durch ein Mehrheitsurteil der unten genannten fünfundzwanzig Barone entschieden Klausel zur Sicherung des Friedens zusammen mit Stephen, dem Erzbischof von Canterbury, wenn er anwesend sein kann, und allen anderen, die er mitbringen möchte. Wenn der Erzbischof nicht anwesend sein kann, wird das Verfahren ohne ihn fortgesetzt, mit der Maßgabe, dass, wenn einer der fünfundzwanzig Barone selbst in eine ähnliche Klage verwickelt war, sein Urteil aufgehoben und an seiner Stelle ein anderer gewählt und vereidigt wird ein Ersatz für die einzelne Gelegenheit, durch den Rest der fünfundzwanzig.

* Wenn wir Walisern Land, Freiheiten oder irgendetwas anderes in England oder Wales entzogen oder enteignet haben, ohne das rechtmäßige Urteil ihrer Gleichen einzuholen, sind diese ihnen sofort zurückzugeben. Eine Streitigkeit über diesen Punkt wird in den Marken durch das Urteil von Gleichen entschieden. Für Landbesitz in England gilt englisches Recht, für Landbesitz in Wales walisisches Recht und für Landbesitz in den Marken das Recht der Marken. Die Waliser werden uns und die unseren auf die gleiche Weise behandeln.

* In Fällen, in denen einem Waliser von unserem Vater, König Heinrich, oder unserem Bruder, König Richard, etwas entzogen oder enteignet wurde, ohne das rechtmäßige Urteil seinesgleichen einzuholen, und es in unseren Händen verbleibt oder von anderen im Rahmen unserer Garantie gehalten wird, werden wir dies tun Aufschub für den Zeitraum, der Kreuzfahrern üblicherweise gewährt wird, es sei denn, es wurde ein Gerichtsverfahren eingeleitet oder eine Untersuchung auf unseren Befehl hin durchgeführt, bevor wir als Kreuzfahrer das Kreuz annahmen. Aber nach unserer Rückkehr vom Kreuzzug oder wenn wir ihn aufgeben, werden wir sofort nach den Gesetzen von Wales und den genannten Regionen volle Gerechtigkeit widerfahren lassen.

Llywelyn , alle walisischen Geiseln und die uns als Sicherheit für den Frieden übergebenen Urkunden sofort zurückgeben .

* Was die Rückkehr der Schwestern und Geiseln von Alexander, dem König von Schottland, sowie seine Freiheiten und Rechte betrifft, werden wir ihn genauso behandeln wie unsere anderen Barone von England, es sei denn, dies geht aus den Urkunden hervor, die wir von ihm besitzen Vater William, ehemaliger König von Schottland, forderte, dass er anders behandelt werden sollte. Diese Angelegenheit wird durch das Urteil seiner Kollegen vor unserem Gericht entschieden.

* Alle diese Bräuche und Freiheiten, die wir gewährt haben, müssen in unserem Königreich eingehalten werden, soweit es unsere eigenen Beziehungen zu unseren Untertanen betrifft. Alle Männer unseres Königreichs, ob Geistliche oder Laien, sollen sie in ihren Beziehungen zu ihren eigenen Männern gleichermaßen beachten.

***Hier könnten seltsame Charaktere geendet haben.

DA WIR ALLE DIESE DINGE für Gott gewährt haben, zur besseren Ordnung unseres Königreichs und um die Zwietracht zu lindern, die zwischen uns und unseren Baronen entstanden ist, und da wir wünschen, dass sie in ihrer Gesamtheit und mit dauerhafter Kraft genossen werden, z Wir geben und gewähren den Baronen in jedem Fall folgende Sicherheit:

* Die Barone wählen fünfundzwanzig aus ihrer Mitte, um den Frieden und die Freiheiten, die ihnen durch diese Charta gewährt und bestätigt werden, mit aller Macht zu wahren und zu wahren.

* Wenn wir, unser Oberster Richter, unsere Beamten oder einer unserer Diener in irgendeiner Hinsicht irgendjemanden beleidigen oder gegen einen Artikel des Friedens oder dieser Sicherheit verstoßen und die Straftat vier der besagten zwanzig bekannt gegeben wird -Fünf Barone, sie sollen zu uns kommen – oder in unserer Abwesenheit vom Königreich zum Obersten Richter –, um es zu verkünden und sofortige Wiedergutmachung zu fordern. Wenn wir oder in unserer Abwesenheit im Ausland der Oberste Richter innerhalb von vierzig Tagen, gerechnet ab dem Tag, an dem uns oder ihm die Straftat angezeigt wurde, keine Wiedergutmachung leisten, verweisen die vier Barone die Angelegenheit an die übrigen fünfundzwanzig Tage Barone, die uns mit der Unterstützung der gesamten Gemeinschaft des Landes auf jede erdenkliche Weise pfänden und angreifen können, indem sie unsere Burgen, Ländereien, Besitztümer oder alles andere beschlagnahmen und nur unsere eigene Person und die der Königin und unserer Kinder retten , bis sie die von ihnen festgelegte Wiedergutmachung sichergestellt haben. Sobald sie die Wiedergutmachung erhalten haben, können sie uns gegenüber wieder ihren normalen Gehorsam leisten.

* Jeder Mann, der dies wünscht, kann einen Eid leisten, den Befehlen der fünfundzwanzig Barone zur Erreichung dieser Ziele zu gehorchen und sich

ihnen anzuschließen, um uns mit aller Kraft anzugreifen. Wir erteilen jedem Menschen, der dies wünscht, die öffentliche und freie Erlaubnis, diesen Eid zu leisten, und wir werden zu keinem Zeitpunkt jemandem verbieten, ihn zu leisten. Tatsächlich werden wir jeden unserer Untertanen, der nicht bereit ist, es zu nehmen, dazu zwingen, es auf unseren Befehl hin zu schwören.

* Wenn einer der fünfundzwanzig Barone stirbt oder das Land verlässt oder auf andere Weise an der Erfüllung seiner Pflichten gehindert wird, wählen die übrigen an seiner Stelle nach eigenem Ermessen einen anderen Baron, der ordnungsgemäß vereidigt wird sie waren.

* Im Falle einer Meinungsverschiedenheit unter den fünfundzwanzig Baronen über eine ihnen zur Entscheidung vorgelegte Angelegenheit hat das Urteil der Mehrheit der Anwesenden die gleiche Gültigkeit wie ein einstimmiges Urteil aller fünfundzwanzig, unabhängig davon, ob alle oder einige anwesend waren der Vorgeladenen wollten oder konnten nicht erscheinen.

* Die fünfundzwanzig Barone sollen schwören, alle oben genannten Artikel treu zu befolgen, und sie werden dafür sorgen, dass andere sie nach besten Kräften befolgen.

* Wir werden nicht versuchen, von irgendjemandem, weder durch unsere eigenen Anstrengungen noch durch die Bemühungen Dritter, etwas zu erlangen, wodurch ein Teil dieser Zugeständnisse oder Freiheiten widerrufen oder eingeschränkt werden könnte. Sollte so etwas beschafft werden, ist es nichtig und wir werden zu keinem Zeitpunkt davon Gebrauch machen, weder selbst noch durch Dritte.

Wir haben allen Menschen jeglichen bösen Willen, jede Verletzung oder jeden Groll, der seit Beginn des Streits zwischen uns und unseren Untertanen, seien es Geistliche oder Laien, entstanden ist, vollständig erlassen und vergeben. Darüber hinaus haben wir allen Geistlichen und Laien alle infolge des genannten Streits zwischen Ostern 1215 n. Chr. und der Wiederherstellung des Friedens begangenen Straftaten vollständig erlassen und unsererseits auch begnadigt.

Darüber hinaus haben wir veranlasst, dass für die Barone Patentbriefe ausgestellt werden, die diese Sicherheit und die oben dargelegten Zugeständnisse bezeugen, und zwar über die Siegel von Stephen, dem Erzbischof von Canterbury, Henry, dem Erzbischof von Dublin, den anderen oben genannten Bischöfen und Meister Pandulf .

Dementsprechend ist es unser Wunsch und Befehl, dass die englische Kirche frei sein soll und dass die Menschen in unserem Königreich alle diese Freiheiten, Rechte und Zugeständnisse in ihrer Fülle und Vollständigkeit für sich und ihre Erben haben und bewahren sollen und unsere Erben, in allen Dingen und an allen Orten für immer.

Sowohl wir als auch die Barone haben geschworen, dass dies alles in gutem Glauben und ohne Täuschung eingehalten wird. Erleben Sie die oben genannten Menschen und viele andere.

Gegeben durch unsere Hand auf der Wiese namens Runnymede, zwischen Windsor und Staines, am fünfzehnten Juni im siebzehnten Jahr unserer Herrschaft.

***

[Hier fehlten viele Leerzeichen, ich bin mir nicht sicher, ob ich sie alle verstanden habe]

Magna Carta 1215

Johannes, von Gottes Gnaden König von England, Herr von Irland, Herzog der Normandie und Aquitanien und Graf von Anjou, an die Erzbischöfe, Bischöfe, Äbte, Grafen, Barone, Justiziare, Förster, Sheriffs, Verwalter, Diener und Grüße an alle seine Vögte und Lehnsuntertanen. Wisse das, im Hinblick auf Gott und für die Errettung unserer Seele und der aller unserer Vorfahren und Erben und zur Ehre Gottes und zum Fortschritt der heiligen Kirche und für die Reform unseres Reiches, auf Rat unseres Ehrwürdigen Väter, Stephen, Erzbischof von Canterbury, Primas von ganz England und Kardinal der Heiligen Römischen Kirche, Heinrich, Erzbischof von Dublin, Wilhelm von London, Peter von Winchester, Jocelyn von Bath und Glastonbury, Hugh von Lincoln, Walter von Worcester, Wilhelm von Coventry, Benedikt von Rochester, Bischöfe; von Meister Pandulf , Subdiakon und Mitglied des Haushalts unseres Herrn, des Papstes, von Bruder Aymeric (Meister der Ritter des Tempels in England) und von den berühmten Männern William Marshall, Graf von Pembroke, William Graf von Salisbury, William Graf von Warenne , William Graf von Arundel, Alan von Galloway (Konstabler von Schottland), Waren Fitz Gerald, Peter Fits Herbert, Hubert de Burgh (Seneschall von Poitou), Hugh de Neville, Matthew Fitz Herbert, Thomas Basset, Alan Basset, Philip d ' Aubigny , Robert von Roppesley , John Marshall, John Fitz Hugh und andere, unsere Lehnsmänner.

1. Erstens haben wir Gott gewährt und durch diese unsere vorliegende Charta für uns und unsere Erben für immer bestätigt , dass die englische Kirche frei sein soll und dass ihre Rechte uneingeschränkt und ihre Freiheiten unantastbar sein sollen; und wir wollen, dass es so eingehalten wird; Daraus geht hervor, dass wir die Freiheit der Wahlen, die für die englische Kirche als das Wichtigste und Wesentlichste angesehen wird, aus reinem und uneingeschränktem Willen gewährt und durch unsere Charta bestätigt und die Ratifizierung derselben erhalten haben von unserem Herrn, Papst Innozenz III., bevor der Streit zwischen uns und unseren Baronen ausbrach: und dies werden wir beachten, und unser Wille ist, dass es von unseren Erben für immer in gutem Glauben befolgt wird . Wir haben auch allen Freien unseres Königreichs für uns und unsere Erben für immer alle zugesicherten Freiheiten gewährt, die sie und ihre Erben, von uns und unseren Erben für immer haben und behalten dürfen .

2. Wenn einer unserer Grafen oder Barone oder andere Personen, die durch Militärdienst unser Oberhaupt waren, gestorben sind und sein Erbe zum Zeitpunkt seines Todes volljährig sein und „Entlastung" schulden muss, erhält er sein Erbe gegen Bezahlung des antiken Reliefs, nämlich des

Erben oder der Erben eines Grafen, 100 Pfund für die Baronie eines ganzen Grafen; der Erbe oder die Erben eines Barons: 100 Pfund für eine ganze Baronie; der Erbe oder die Erben eines Ritters höchstens 100 Schilling für ein ganzes Ritterhonorar; Und wer weniger schuldet, der soll weniger geben, sagen die alten Zollbeamten.

3. Wenn jedoch der Erbe einer der oben genannten Personen minderjährig ist und sich in der Obhut befindet, soll ihm sein Erbe ohne Abzug und ohne Geldstrafe zustehen, wenn er volljährig ist.

4. Der Vormund des Landes eines Erben, der somit minderjährig ist, darf vom Land des Erben nichts als vernünftige Produkte, angemessene Bräuche und angemessene Dienstleistungen nehmen, und das ohne Zerstörung oder Verschwendung von Menschen oder Gütern; und wenn wir dem Sheriff oder einem anderen, der uns gegenüber für die Angelegenheiten verantwortlich ist, die Vormundschaft für das Land eines solchen Minderjährigen übertragen haben und er das, was er als Vormundschaft innehat, zerstört oder verschwendet hat, werden wir ihn wegnehmen ändert, und das Land soll zwei rechtmäßigen und diskreten Männern dieses Honorars übergeben werden, die für die Ausgaben an uns oder an denjenigen, dem wir sie übertragen werden, verantwortlich sind; und wenn wir jemandem die Verwaltung eines solchen Landes übertragen oder verkauft haben und er dort Zerstörung oder Verwüstung angerichtet hat, verliert er diese Verwaltung und sie wird an zwei rechtmäßige und diskrete Männer dieses Lehens übertragen, die dafür verantwortlich sind an uns in gleicher Weise wie oben beschrieben.

5. Darüber hinaus soll der Vormund, solange er die Bewachung des Landes innehat, die Häuser, Parks, Fischteiche, Stanks , Mühlen und andere Dinge, die zum Land gehören, aus den Besitztümern desselben Landes instand halten; und er soll dem Erben, wenn er volljährig geworden ist, sein gesamtes Land zurückgeben, bestückt mit Pflügen und „ Wegernährung ", je nachdem, wie es die Jahreszeit der Bewirtschaftung erfordert und die Ausgaben des Landes vernünftigerweise ertragen werden können.

6. Erben sollen ohne Herabwürdigung verheiratet werden, jedoch so, dass vor der Eheschließung derjenige benachrichtigt wird, der dem Erben am nächsten steht.

7. Eine Witwe soll nach dem Tod ihres Mannes sofort und ohne Schwierigkeiten ihren Eheanteil und ihr Erbe erhalten; Sie darf auch nichts für ihre Mitgift oder für ihren Heiratsanteil oder für das Erbe geben, das ihr Mann und sie am Tag des Todes dieses Mannes besaßen; und sie darf nach seinem Tod vierzig Tage lang im Haus ihres Mannes bleiben ; innerhalb dieser Zeit wird ihr ihre Mitgift zugeteilt.

8. Keine Witwe soll zur Heirat gezwungen werden, solange sie es vorzieht, ohne Ehemann zu leben; vorausgesetzt immer, dass sie die Sicherheit gibt, nicht ohne unsere Zustimmung zu heiraten, wenn sie von uns Besitz ergreift, oder ohne die Zustimmung des Herrn, von dem sie Besitz hat, wenn sie von einem anderen Besitz ergreift.

9. Weder wir noch unsere Gerichtsvollzieher dürfen Land oder Pacht für Schulden beschlagnahmen, solange die Habe des Schuldners ausreicht, um die Schulden zu begleichen. Auch dürfen die Bürgen des Schuldners nicht gepfändet werden, solange der Hauptschuldner in der Lage ist, die Schuld zu begleichen. und wenn der Hauptschuldner die Schuld nicht begleicht, da er nicht über die Mittel zur Begleichung verfügt, müssen die Bürgen für die Schuld einstehen. und überlassen Sie ihnen die Ländereien und Pachtzinsen des Schuldners, wenn sie dies wünschen, bis sie für die Schulden entschädigt sind, die sie für ihn bezahlt haben, es sei denn, der Hauptschuldner kann den Nachweis erbringen, dass er gegenüber den genannten Bürgschaften davon befreit ist.

10. Wenn jemand, der von den Juden eine große oder kleine Summe geliehen hat, stirbt, bevor das Darlehen zurückgezahlt werden kann, wird die Schuld nicht verzinst, solange der Erbe minderjährig ist, egal wen er beanspruchen mag; und wenn die Schuld in unsere Hände fällt , werden wir nichts anderes als den in der Anleihe enthaltenen Hauptbetrag nehmen.

11. Und wenn jemand in der Schuld der Juden stirbt, soll seine Frau ihre Mitgift erhalten und nichts von dieser Schuld bezahlen; und wenn Kinder des Verstorbenen minderjährig bleiben, müssen sie im Einklang mit dem Besitz des Verstorbenen mit dem Nötigsten versorgt werden; und aus dem Rest soll die Schuld beglichen werden, wobei jedoch die fälligen Dienste den Feudalherren vorbehalten bleiben; Ebenso soll es mit Schulden geschehen, die anderen als den Juden zustehen.

12. Unserem Königreich dürfen weder Beute noch Hilfe auferlegt werden, es sei denn auf gemeinsamem Rat unseres Königreichs, außer der Freilassung unserer Person, der Ernennung unseres ältesten Sohnes zum Ritter und der einmaligen Heirat unserer ältesten Tochter; und für diese darf nicht mehr als eine angemessene Beihilfe erhoben werden. In gleicher Weise soll mit den Hilfen der Stadt London verfahren werden.

13. Und die Stadt London soll alle ihre alten Freiheiten und freien Bräuche haben, sowohl zu Lande als auch zu Wasser; Darüber hinaus beschließen und gewähren wir, dass alle anderen Städte, Bezirke, Gemeinden und Häfen alle ihre Freiheiten und freien Bräuche haben sollen.

14. Und um den gemeinsamen Rat des Königreichs bezüglich der Festsetzung einer Hilfe (außer in den drei oben genannten Fällen) oder einer

Scutage einzuholen, werden wir die Erzbischöfe, Bischöfe, Äbte, Grafen und größeren Barone einzeln einberufen lassen durch unsere Briefe; und wir werden darüber hinaus allgemein durch unsere Sheriffs und Gerichtsvollzieher alle anderen, die uns an der Spitze haben, zu einem bestimmten Zeitpunkt, nämlich nach Ablauf von mindestens vierzig Tagen, und an einem bestimmten Ort einladen lassen; und in allen Schreiben einer solchen Vorladung werden wir den Grund der Vorladung angeben. Und wenn die Vorladung auf diese Weise erfolgt ist, soll die Angelegenheit am festgesetzten Tag gemäß dem Rat der Anwesenden fortgeführt werden, auch wenn nicht alle Vorgeladenen gekommen sind.

15. Wir werden in Zukunft niemandem die Erlaubnis erteilen, von seinen eigenen freien Pächtern Hilfe anzunehmen, außer um seinen Körper freizukaufen, seinen ältesten Sohn zum Ritter zu machen und einmal seine älteste Tochter zu heiraten; und in jedem dieser Fälle wird nur eine angemessene Beihilfe erhoben.

16. Niemand darf für die Leistung eines größeren Dienstes gegen ein Ritterhonorar oder für eine andere kostenlose Pacht gepfändet werden, als ihm dadurch zusteht.

17. Gemeinsame Klagegründe sollen nicht unserem Gericht folgen, sondern an einem festen Ort stattfinden.

18. Untersuchungen zu Roman Disseisin, Mort d'Ancester und Darrein Presentment dürfen nicht anderswo als vor ihren eigenen Bezirksgerichten durchgeführt werden, und zwar in der folgenden Weise: Wir oder, wenn wir außerhalb des Reiches sein sollten, unser Der oberste Richter schickt viermal im Jahr zwei Richter durch jeden Bezirk, die zusammen mit vier vom Bezirk ausgewählten Rittern des Bezirks am Tag und am Ort der Sitzung des Bezirksgerichts den besagten Schwur abhalten Gericht.

19. Und wenn einer der genannten Schwurgerichte am Tag des Bezirksgerichts nicht angenommen werden kann, sollen von den Rittern und Grundbesitzern, die an diesem Tag beim Bezirksgericht anwesend waren, so viele übrig bleiben, wie für die ordnungsgemäße Erstellung erforderlich sind von Urteilen, je nach Geschäft mehr oder weniger.

20. Ein Ehrenbürger darf wegen einer geringfügigen Straftat nicht bestraft werden, es sei denn, dies entspricht der Schwere der Straftat; und für ein schweres Vergehen soll er entsprechend der Schwere des Vergehens bestraft werden, wobei jedoch stets seine „Zufriedenheit" gewahrt bleibt; und ein Kaufmann auf die gleiche Weise, der seine „Waren" spart; und ein Schurke soll auf die gleiche Weise gemildert werden, mit Ausnahme seines „ Leidens ", wenn er in unsere Gnade gefallen ist; und keine der oben genannten

Gnaden soll außer durch den Eid ehrlicher Männer der Nachbarschaft auferlegt werden.

21. Grafen und Barone dürfen nur durch ihre Standesgenossen und nur entsprechend der Schwere der Straftat bestraft werden.

22. Ein Beamter darf in Bezug auf seinen Laienbesitz nur in der oben genannten Weise benachteiligt werden; Darüber hinaus darf er nicht entsprechend dem Umfang seiner kirchlichen Pfründe geschädigt werden.

23. Kein Dorf und keine Einzelperson darf gezwungen werden, Brücken an Flussufern zu bauen, außer denen, die seit jeher gesetzlich dazu verpflichtet sind.

24. Kein Sheriff, Polizist, Gerichtsmediziner oder andere unserer Gerichtsvollzieher dürfen Bitten unserer Krone entgegennehmen.

25. Alle Landkreise, Hunderte, Wapentakes und Trithings (mit Ausnahme unserer Herrschaftsgüter) bleiben zu den alten Mieten und ohne zusätzliche Zahlung.* **Hier liegt möglicherweise ein Fehler vor

26. Wenn einer unserer Laienlehen stirbt und unser Sheriff oder Gerichtsvollzieher unsere Vorladungsschreiben für eine Schuld vorlegt, die der Verstorbene uns gegenüber schuldet, ist es unserem Sheriff oder Gerichtsvollzieher rechtmäßig, bewegliche Sachen zu pfänden und zu katalogisieren des Verstorbenen, der auf dem Laienlehen gefunden wurde, in Höhe des Wertes dieser Schuld, vor den Augen gesetzeswürdiger Männer, immer unter der Voraussetzung, dass dann nichts, was auch immer, entfernt wird, bis die Schuld, die offensichtlich ist, vollständig an uns beglichen ist; und der Rest wird den Testamentsvollstreckern überlassen, um den Willen des Verstorbenen zu erfüllen; und wenn er uns nichts schuldet, gehen alle Besitztümer an den Verstorbenen, wobei der angemessene Anteil seiner Frau und seinen Kindern vorbehalten bleibt.

27. Wenn ein freier Mann ohne Testament stirbt, soll sein Hab und Gut durch die Hände seiner nächsten Verwandten und Freunde unter Aufsicht der Kirche verteilt werden, wobei jedem die Schulden, die der Verstorbene ihm schuldete, erspart bleibt .

irgendjemandem Mais oder andere Vorräte annehmen, ohne dafür sofort Geld anzubieten, es sei denn, er kann mit Zustimmung des Verkäufers einen Aufschub verlangen.

29. Kein Polizist darf einen Ritter dazu zwingen, Geld anstelle der Burgwache zu geben, wenn er bereit ist, dies in eigener Person oder (wenn er es aus vernünftigen Gründen nicht tun kann) durch einen anderen verantwortlichen Mann zu tun. Wenn wir ihn außerdem zum Militärdienst

geführt oder geschickt haben, wird er im Verhältnis zu der Zeit, die er unseretwegen im Militärdienst war, von der Wache entbunden.

30. Kein Sheriff oder Gerichtsvollzieher von uns oder eine andere Person darf die Pferde oder Karren eines Ehrenbürgers zum Transportdienst mitnehmen, gegen den Willen des besagten Ehrenbürgers.

31. Weder wir noch unsere Vögte dürfen für unsere Burgen oder für andere unsere Arbeiten Holz nehmen, das uns nicht gehört, gegen den Willen des Besitzers dieses Waldes.

32. Wir werden das Land derjenigen, die wegen eines Verbrechens verurteilt wurden, nicht länger als ein Jahr und einen Tag zurückbehalten, und das Land soll danach den Lehensherren übergeben werden.

33. Alle Scherze für die Zukunft sollen vollständig von der Themse und Medway und in ganz England entfernt werden, außer an der Küste.

„praecipe" genannt wird , darf für die Zukunft niemandem in Bezug auf ein Mietshaus ausgestellt werden, durch das ein Freier seinen Hof verlieren könnte.

35. Es soll in unserem ganzen Reich ein einziges Maß Wein geben; und ein Maß Bier; und ein Maß Mais, nämlich „das Londoner Viertel"; und eine Stoffbahn (ob gefärbt, rotbraun oder „ hellerget "), nämlich zwei Ellen innerhalb der Webkanten; von Gewichten sei es auch wie von Maßen.

36. Für eine Inquisitionsurkunde über Leib und Leben soll in Zukunft nichts mehr gegeben oder angenommen werden, sondern sie soll freiwillig gewährt und niemals verweigert werden.

37. Wenn jemand von uns durch Honorar, Gehöft oder Burgtum Besitz ergreift und durch Ritterdienste auch Land eines anderen Herrn besitzt, werden wir (aufgrund dieser Honorarfarm, des Gehöfts oder der Burgage) das nicht haben Vormundschaft des Erben oder seines Landes, das zum Lehen des anderen gehört; Wir dürfen auch nicht die Aufsicht über diese Honorarfarm, das Gehöft oder die Burg übernehmen, es sei denn, diese Honorarfarm schuldet Ritterdienste. Wir werden nicht aufgrund einer kleinen Serjeantität , die irgendjemand von uns durch die Bereitstellung von Messern, Pfeilen oder dergleichen innehat, die Vormundschaft über seinen Erben des Landes haben, das er einem anderen Herrn durch Ritterdienste innehat.

38. Kein Gerichtsvollzieher darf in Zukunft aufgrund seiner eigenen, unbegründeten Klage jemanden seinem „Gesetz" unterwerfen, ohne dass zu diesem Zweck glaubwürdige Zeugen herangezogen werden.

39. Kein freier Mann darf gefangen genommen oder eingesperrt oder enteignet oder verbannt oder auf irgendeine Weise vernichtet werden, noch werden wir gegen ihn vorgehen oder ihn auf ihn schicken, es sei denn durch das rechtmäßige Urteil seiner Standesgenossen oder durch das Gesetz des Landes.

40. An niemanden werden wir verkaufen, an niemanden werden wir Recht oder Gerechtigkeit verweigern oder verzögern.

41. Alle Kaufleute sollen eine sichere Ausreise aus England und Einreise nach England haben, mit dem Recht, sich dort aufzuhalten und sich sowohl zu Lande als auch zu Wasser fortzubewegen, um nach den alten und rechten Bräuchen zu kaufen und zu verkaufen, frei von allem böse Zölle, außer (in Kriegszeiten) solche Kaufleute, die aus dem Land stammen, das mit uns Krieg führt. Und wenn solche zu Beginn des Krieges in unserem Land gefunden werden, müssen sie ohne Verletzung ihrer Körper oder Güter festgehalten werden, bis wir oder unser oberster Justizbeamter Informationen darüber erhalten, wie die Kaufleute unseres Landes in der Lage waren Land, das mit uns im Krieg ist, wird behandelt; und wenn unsere Männer dort sicher sind, werden die anderen in unserem Land sicher sein.

42. Es soll in Zukunft jedem erlaubt sein (ausgenommen immer diejenigen, die gemäß dem Gesetz des Königreichs inhaftiert oder verboten sind, und Eingeborene eines Landes, das sich mit uns im Krieg befindet, und Kaufleute, die wie oben beschrieben behandelt werden sollen). Verlassen Sie unser Königreich und kehren Sie sicher zu Land und zu Wasser zurück, mit Ausnahme einer kurzen Zeitspanne in Kriegszeiten aus Gründen der öffentlichen Ordnung – und behalten Sie sich stets die uns gebührende Treue vor.

43. Wenn jemand, der einen Erbschaftsbesitz innehat (zum Beispiel die Ehre von Wallingford, Nottingham, Boulogne, Lancaster oder anderen Erbschaftsbesitz, der in unseren Händen liegt und Baronien sind), stirbt, darf sein Erbe keine andere Erleichterung gewähren und keine andere Leistung erbringen andere Dienste für uns, als er dem Baron erwiesen hätte, wenn diese Baronie in der Hand des Barons gewesen wäre; und wir werden es auf die gleiche Weise halten, wie der Baron es gehalten hat.

44. Männer, die außerhalb des Waldes leben, brauchen von nun an nicht mehr auf allgemeine Vorladung vor unsere Waldrichter zu treten, mit Ausnahme derjenigen, die im Amt sind oder Bürgen für eine oder mehrere Personen geworden sind, die wegen Walddelikten angeklagt sind.

45. Wir werden nur solche zu Richtern, Polizisten, Sheriffs oder Gerichtsvollziehern ernennen, die das Gesetz des Reiches kennen und beabsichtigen, es gut zu befolgen.

46. Alle Barone, die Abteien gegründet haben, für die sie Urkunden der Könige von England besitzen oder die sie seit langem besitzen, sollen die Vormundschaft über sie haben, wenn sie vakant sind, wie es ihnen gebührt.

47. Alle Wälder, die in unserer Zeit so angelegt wurden, sollen unverzüglich abgeholzt werden; und ein ähnlicher Weg soll in Bezug auf Flussufer eingeschlagen werden, die von uns in unserer Zeit „zur Verteidigung" gestellt wurden.

48. Alle bösen Bräuche im Zusammenhang mit Wäldern und Gehegen, Förstern und Gehegen, Sheriffs und ihren Beamten, Flussufern und ihren Aufsehern sollen in jedem Landkreis unverzüglich von zwölf geschworenen Rittern desselben Landkreises untersucht werden, die von den ehrlichen Männern des Landkreises ausgewählt werden derselben Grafschaft und soll innerhalb von vierzig Tagen nach der besagten Untersuchung vollständig abgeschafft werden, so dass sie nie wieder wiederhergestellt werden kann, immer vorausgesetzt, dass wir vorher eine Mitteilung davon haben, oder unser Justiziar, falls wir nicht in England sein sollten.

49. Wir werden alle Geiseln und Urkunden, die uns von Engländern als Bürgen für den Frieden oder treuen Dienst übergeben wurden, sofort zurückgeben.

Athee vollständig aus ihren Vogteien entfernen (so dass sie in Zukunft keine Vogtei mehr in England haben werden); nämlich Engelard von Cigogne , Peter, Guy und Andrew von Chanceaux , Guy von Cigogne , Geofrrey von Martigny mit seinen Brüdern, Philip Mark mit seinen Brüdern und seinem Neffen Geoffrey und die ganze Brut derselben.

51. Sobald der Frieden wiederhergestellt ist, werden wir alle im Ausland geborenen Ritter, Armbrustschützen, Unteroffiziere und Söldnersoldaten, die mit Pferden und Waffen gekommen sind, um dem Königreich Schaden zuzufügen, aus dem Königreich verbannen.

52. Wenn jemand von uns ohne das gerichtliche Urteil seiner Standesgenossen enteignet oder aus seinen Ländereien, Burgen, Franchises oder seinen Rechten entfernt wurde, werden wir sie ihm sofort zurückgeben; und wenn darüber ein Streit entsteht, dann soll er von den fünfundzwanzig Baronen entschieden werden, von denen weiter unten in der Klausel zur Sicherung des Friedens die Rede ist. Darüber hinaus gilt für alle Besitztümer, die irgendjemandem ohne rechtmäßiges Urteil seiner Standesleute von unserem Vater, König Heinrich, oder von unserem Bruder, König Richard, enteignet oder entzogen wurden und die wir in unserer Hand behalten (oder die von anderen besessen sind, denen wir sie garantieren müssen) haben wir eine Frist bis zur üblichen Zeit der Kreuzfahrer; mit Ausnahme der Dinge, zu denen unser Orden vor unserer Kreuznahme eine Bitte vorgebracht oder

eine Untersuchung durchgeführt hat; aber sobald wir von unserer Expedition abgewichen sind (oder wenn wir vielleicht von der Expedition absehen), werden wir darin sofort volle Gerechtigkeit gewähren.

53. Darüber hinaus werden wir die gleiche Frist und auf die gleiche Weise haben, wenn es um die Abholzung oder Erhaltung der Wälder geht, die Heinrich, unser Vater, und Richard, unseren Bruder, aufgeforstet haben, und um die Verwaltung von Ländereien, die zum Lehen eines anderen gehören (nämlich solche Vormundschaften, wie wir sie bisher aufgrund eines Lehens hatten, das irgendjemand von uns durch Ritterdienst innehatte), und in Bezug auf Abteien, die auf anderen Lehen als unserem eigenen gegründet wurden und auf die der Lehnsherr das Recht beansprucht; und wenn wir zurückgekehrt sind oder von unserer Expedition absehen, werden wir allen, die sich über solche Dinge beschweren, sofort volle Gerechtigkeit widerfahren lassen.

54. Niemand darf auf Berufung einer Frau wegen des Todes eines anderen als ihres Mannes verhaftet oder inhaftiert werden.

55. Alle gegen uns zu Unrecht und gegen das Gesetz des Landes verhängten Geldbußen und alle zu Unrecht und gegen das Gesetz des Landes verhängten Beeinträchtigungen sollen gänzlich erlassen werden, andernfalls soll es mit ihnen gemäß der Entscheidung der fünf geschehen. und zwanzig Barone, von denen unten in der Klausel zur Sicherung des Friedens oder nach dem Urteil der Mehrheit derselben die Rede ist, zusammen mit dem oben genannten Stephen, Erzbischof von Canterbury, wenn er anwesend sein kann, und solchen anderen wie Vielleicht möchte er zu diesem Zweck etwas mitbringen, und wenn er nicht anwesend sein kann, wird das Geschäft dennoch ohne ihn abgewickelt, vorausgesetzt, dass einer oder mehrere der oben genannten fünfundzwanzig Barone dies tun, wenn sie sich in einer ähnlichen Klage befinden soweit es dieses besondere Urteil betrifft, werden sie abgesetzt und an ihre Stelle andere gesetzt, nachdem sie von den übrigen Fünfundzwanzigern nur zu diesem Zweck ausgewählt wurden und nachdem sie vereidigt wurden.

56. Wenn wir Waliser ohne das gerichtliche Urteil ihrer Standesgenossen in England oder Wales enteignet oder von Land oder Freiheiten oder anderen Dingen entfernt haben, werden sie ihnen sofort zurückgegeben; und wenn darüber ein Streit entsteht, soll dieser in den Märschen durch das Urteil ihrer Kameraden entschieden werden; für Mietshäuser in England nach dem Recht von England, für Mietshäuser in Wales nach dem Recht von Wales und für Mietshäuser in den Marken nach dem Recht der Marken. Die Waliser sollen uns und den unseren das Gleiche antun.

57. Darüber hinaus für all jene Besitztümer, die einem Waliser ohne das rechtmäßige Urteil seiner Standesleute von König Heinrich, unserem Vater,

oder König Richard, unserem Bruder, entzogen oder entzogen wurden und die wir in unserer Hand behalten (oder die von ihnen besessen sind). andere, denen wir gegenüber verpflichtet sind, sie zu garantieren) haben wir eine Frist bis zur üblichen Amtszeit der Kreuzfahrer; mit Ausnahme der Dinge, zu denen unser Orden vor der Annahme des Kreuzes eine Klage erhoben oder eine Untersuchung durchgeführt hat; aber sobald wir zurückkehren (oder wenn wir vielleicht von unserer Expedition absehen), werden wir sofort volle Gerechtigkeit in Übereinstimmung mit den Gesetzen der Waliser und in Bezug auf die oben genannten Regionen gewähren.

Llywelyn und alle Geiseln von Wales sowie die uns als Sicherheit für den Frieden übergebenen Urkunden sofort übergeben .

59. Wir werden gegenüber Alexander, dem König von Schottland, hinsichtlich der Rückkehr seiner Schwestern und seiner Geiseln sowie hinsichtlich seiner Wahlrechte und seiner Rechte dasselbe tun, wie wir es gegenüber unseren anderen Baronen von England tun werden, es sei denn, dies sollte der Fall sein anders sein gemäß den Urkunden, die wir von William, seinem Vater, dem ehemaligen König von Schottland, besitzen; und dies soll nach dem Urteil seiner Kollegen in unserem Gericht geschehen.

60. Darüber hinaus sollen alle oben genannten Bräuche und Freiheiten, deren Einhaltung wir in unserem Königreich gewährt haben, soweit sie uns gegenüber unseren Männern betreffen, von allen Mitgliedern unseres Königreichs, sowohl von Geistlichen als auch von Laien, insoweit eingehalten werden ihnen gegenüber ihren Männern.

61. Darüber hinaus haben wir für Gott und die Verbesserung unseres Königreichs und für die bessere Beilegung des Streits, der zwischen uns und unseren Baronen entstanden ist, alle diese Zugeständnisse gemacht, in dem Wunsch, dass sie sie in völliger und fester Geduld genießen Wir geben und gewähren ihnen stets die schriftliche Sicherheit, nämlich dass die Barone fünfundzwanzig Barone des Königreichs wählen, wen immer sie wollen, die mit aller Macht verpflichtet sein sollen, zu beobachten und zu halten und dafür zu sorgen, dass sie bestehen beachtet, den Frieden und die Freiheiten, die wir ihnen durch diese unsere vorliegende Charta gewährt und bestätigt haben, so dass, wenn wir oder unser Gerichtsvollzieher oder unsere Gerichtsvollzieher oder einer unserer Beamten in irgendetwas irgendjemandem gegenüber ein Verschulden begehen oder werden einen der Artikel des Friedens oder dieser Sicherheit gebrochen haben und die Straftat vier Baronen der vorgenannten fünfundzwanzig mitgeteilt wird, sollen die besagten vier Barone uns (oder unseren Justiziar, wenn wir nicht in der Lage sind) Wiedergutmachung leisten das Reich) und legen uns die Übertretung vor und bitten um unverzügliche Wiedergutmachung dieser Übertretung. Und wenn wir die Übertretung nicht innerhalb von vierzig Tagen korrigiert

haben (oder, falls wir uns außerhalb des Reiches befinden, wenn unser Richter sie nicht korrigiert hat), gerechnet von dem Zeitpunkt an, an dem sie uns (oder unserem Land) mitgeteilt wurde justiciar, wenn wir außerhalb des Reiches sein sollten), werden die oben genannten vier Barone diese Angelegenheit an die übrigen fünfundzwanzig Barone weiterleiten, und diese fünfundzwanzig Barone werden dies zusammen mit der Gemeinschaft des ganzen Landes tun , pfänden und quälen uns auf alle möglichen Arten, nämlich durch die Beschlagnahmung unserer Burgen, Ländereien, Besitztümer und auf jede andere Weise, die ihnen möglich ist, bis Wiedergutmachung erfolgt ist, wie sie es für angemessen halten, und unsere eigene Person und die unserer eigenen Person unschädlich zu machen Königin und Kinder; und wenn Wiedergutmachung erfolgt ist, werden sie ihre alten Beziehungen uns gegenüber wieder aufnehmen. Und jeder im Land soll schwören, den Befehlen der besagten fünfundzwanzig Barone zur Ausführung aller oben genannten Angelegenheiten Folge zu leisten und uns gleichzeitig mit allen Kräften zu belästigen; und wir gewähren jedem , der schwören möchte, öffentlich und frei die Erlaubnis, und wir werden niemandem das Schwören verbieten. Darüber hinaus werden wir alle diejenigen im Land, die aus eigenem Antrieb und aus freien Stücken nicht bereit sind, den Fünfundzwanzig zu schwören, ihnen bei der Unterdrückung und Belästigung von uns zu helfen, durch unseren Befehl dazu zwingen, in der oben genannten Weise zu schwören . Und wenn einer der fünfundzwanzig Barone gestorben ist oder das Land verlassen hat oder auf andere Weise handlungsunfähig geworden ist, die die Durchführung der oben genannten Bestimmungen verhindern würde, so werden es diejenigen der besagten fünfundzwanzig Barone tun, die noch übrig sind Wählen Sie an seiner Stelle einen anderen nach eigenem Ermessen, und er soll auf die gleiche Weise wie die anderen geschworen werden. Darüber hinaus gilt in allen Angelegenheiten, deren Ausführung diesen fünfundzwanzig Baronen anvertraut ist, sofern diese fünfundzwanzig anwesend sind, das, was die Mehrheit der Anwesenden beschließt oder anordnet, als festgelegt und festgelegt, genau so, als ob die Ganze fünfundzwanzig hatten dem zugestimmt; und die genannten Fünfundzwanzig sollen schwören, dass sie alles Vorstehende treu befolgen und dafür sorgen werden, dass es mit aller Kraft eingehalten wird. Und wir werden von niemandem, weder direkt noch indirekt, etwas erreichen, wodurch ein Teil dieser Zugeständnisse und Freiheiten widerrufen oder eingeschränkt werden könnte; und wenn so etwas beschafft wurde, soll es ungültig und nichtig sein, und wir werden es niemals persönlich oder durch andere verwenden.

62. Und all den bösen Willen, den Hass und die Bitterkeit, die seit dem Zeitpunkt des Streits zwischen uns und unseren Männern, Geistlichen und Laien, entstanden sind, haben wir jedem vollständig erlassen und vergeben . Darüber hinaus haben wir von Ostern im sechzehnten Jahr unserer

Herrschaft bis zur Wiederherstellung des Friedens alle Verfehlungen, die durch den besagten Streit verursacht wurden, allen, sowohl Geistlichen als auch Laien, vollständig erlassen und, soweit es uns betrifft, vollständig vergeben. Und in diesem Zusammenhang haben wir veranlasst, dass für sie Zeugnisbriefe des Lord Stephen, Erzbischof von Canterbury, des Lord Henry, Erzbischof von Dublin, der oben genannten Bischöfe und von Master Pandulf angefertigt werden, die diese Sicherheit und das betreffen oben genannten Zugeständnisse.

63. Deshalb ist es unser Wille und wir fordern es nachdrücklich auf, dass die englische Kirche frei ist und dass die Männer in unserem Königreich alle oben genannten Freiheiten, Rechte und Zugeständnisse haben und behalten, wohl und friedvoll, frei und ruhig, vollständig und vollständig ganz und gar für sich selbst und ihre Erben, für uns und unsere Erben, in jeder Hinsicht und an allen Orten für immer, wie oben erwähnt. Darüber hinaus wurde sowohl von unserer Seite als auch von Seiten der Barone ein Eid geleistet, dass alle oben genannten Bedingungen in gutem Glauben und ohne böse Absicht eingehalten werden. Gegeben unter unserer Hand – die oben Genannten und viele andere als Zeugen – auf der Wiese namens Runnymede, zwischen Windsor und Staines, am fünfzehnten Juni, im siebzehnten Jahr unserer Herrschaft.

Der Text der MAGNA CARTA

Die Magna Carta (Die Große Charta):

Präambel:

John, von Gottes Gnaden, König von England, Herr von Irland, Herzog der Normandie und Aquitanien und Graf von Anjou, an den Erzbischof, die Bischöfe, Äbte, Grafen, Barone, Justizbeamten, Förster, Sheriffs, Verwalter, Diener und Grüße an alle seine Vögte und Lehnsuntertanen. Wisse, dass wir im Hinblick auf Gott und für die Errettung unserer Seele und der aller unserer Vorfahren und Erben und zur Ehre Gottes und zum Fortschritt seiner heiligen Kirche und zur Wiedergutmachung unseres Reiches das gewährt haben, was wir versprochen haben auf Anraten unserer ehrwürdigen Väter Stephen, Erzbischof von Canterbury, Primas von ganz England und Kardinal der Heiligen Römischen Kirche, Heinrich, Erzbischof von Dublin, Wilhelm von London, Peter von Winchester, Jocelyn von Bath und Glastonbury, Hugh von Lincoln, Walter von Worcester, Wilhelm von Coventry, Benedikt von Rochester, Bischöfe; von Meister Pandulf , Subdiakon und Mitglied des Haushalts unseres Herrn, des Papstes, von Bruder Aymeric (Meister der Ritter des Tempels in England) und von den berühmten Männern William Marshal, Graf von Pembroke, William, Graf von Salisbury, William , Graf von Warenne , William, Graf von Arundel, Alan von Galloway (Konstabler von Schottland), Waren Fitz Gerold , Peter Fitz Herbert, Hubert De Burgh (Seneschall von Poitou), Hugh de Neville, Matthew Fitz Herbert, Thomas Basset, Alan Basset , Philip d'Aubigny , Robert von Roppesley , John Marshal, John Fitz Hugh und andere, unsere Lehnsmänner.

1. Erstens haben wir Gott gewährt und durch diese unsere vorliegende Charta für uns und unsere Erben für immer bestätigt, dass die englische Kirche frei sein und ihre Rechte uneingeschränkt und ihre Freiheiten unverletzt haben soll; und wir wollen, dass es so eingehalten wird; Daraus geht hervor, dass wir die Freiheit der Wahlen, die für die englische Kirche als das Wichtigste und Wesentlichste angesehen wird, aus reinem und uneingeschränktem Willen gewährt und durch unsere Charta bestätigt und die Ratifizierung derselben erhalten haben von unserem Herrn, Papst Innozenz III., bevor der Streit zwischen uns und unseren Baronen ausbrach: und dies werden wir beachten, und unser Wille ist, dass es von unseren Erben für immer in gutem Glauben befolgt wird. Wir haben auch allen Freien unseres Königreichs für uns und unsere Erben für immer alle garantierten Freiheiten gewährt, die sie und ihre Erben, von uns und unseren Erben für immer haben und behalten dürfen.

2. Wenn einer unserer Grafen oder Barone oder andere, die uns durch Militärdienst an der Spitze hielten, gestorben ist und sein Erbe zum Zeitpunkt seines Todes volljährig ist und „Entlastung" schuldet, soll er sein Erbe erhalten das alte Relief, nämlich der oder die Erben eines Grafen, für die gesamte Baronie eines Grafen um 100 L; der Erbe oder die Erben eines Barons: 100 L für eine ganze Baronie; der Erbe oder die Erben eines Ritters, höchstens 100, und wer weniger schuldet, soll weniger geben, nach dem alten Honorarbrauch.

3. Wenn jedoch der Erbe einer der oben genannten Personen minderjährig ist und sich in der Obhut befindet, soll ihm sein Erbe ohne Erleichterung und ohne Geldstrafe zustehen, wenn er volljährig ist.

4. Der Vormund des Landes eines Erben, der somit minderjährig ist, darf vom Land des Erben nichts außer angemessenen Erzeugnissen, angemessenen Bräuchen und angemessenen Dienstleistungen nehmen, und zwar ohne Zerstörung oder Verschwendung von Menschen oder Gütern; und wenn wir dem Sheriff oder einem anderen, der uns gegenüber für die Angelegenheiten verantwortlich ist, die Vormundschaft für das Land eines solchen Minderjährigen übertragen haben und er das, was er als Vormundschaft innehat, zerstört oder verschwendet hat, werden wir ihn wegnehmen ändert, und das Land soll zwei rechtmäßigen und diskreten Männern dieses Honorars übergeben werden, die für die Ausgaben an uns oder an denjenigen, dem wir sie übertragen werden, verantwortlich sind; und wenn wir jemandem die Verwaltung eines solchen Landes übertragen oder verkauft haben und er darin Zerstörung oder Verwüstung verursacht hat, verliert er diese Verwaltung und sie wird an zwei rechtmäßige und diskrete Männer dieses Lehens übertragen, die dafür verantwortlich sind uns in gleicher Weise wie oben beschrieben.

5. Darüber hinaus soll der Vormund, solange er die Bewachung des Landes innehat, die Häuser, Parks, Fischteiche, Stanks , Mühlen und andere Dinge, die zum Land gehören, aus den Besitztümern desselben Landes instand halten; und er soll dem Erben, wenn er volljährig geworden ist, sein gesamtes Land zurückgeben, bestückt mit Pflügen und Viehwirtschaft , je nachdem, wie es die Jahreszeit der Bewirtschaftung erfordert und die Ausgaben des Landes vernünftigerweise ertragen werden können.

6. Erben sollen ohne Herabwürdigung verheiratet werden, jedoch so, dass vor der Eheschließung derjenige benachrichtigt wird, der dem Erben am nächsten steht.

7. Eine Witwe soll nach dem Tod ihres Mannes sofort und ohne Schwierigkeiten ihren Eheanteil und ihr Erbe erhalten; Sie darf auch nichts für ihre Mitgift oder für ihren Heiratsanteil oder für das Erbe geben, das ihr Mann und sie am Tag des Todes dieses Mannes besaßen; und sie darf vierzig

Tage nach seinem Tod im Haus ihres Mannes bleiben; innerhalb dieser Zeit wird ihr ihre Mitgift zugeteilt.

8. Keine Witwe soll zur Heirat gezwungen werden, solange sie es vorzieht, ohne Ehemann zu leben; vorausgesetzt immer, dass sie die Sicherheit gibt, nicht ohne unsere Zustimmung zu heiraten, wenn sie von uns Besitz ergreift, oder ohne die Zustimmung des Herrn, von dem sie Besitz hat, wenn sie von einem anderen Besitz ergreift.

9. Weder wir noch unsere Gerichtsvollzieher werden für irgendeine Schuld Land oder Pacht beschlagnahmen, solange die beweglichen Sachen des Schuldners ausreichen, um die Schulden zu begleichen; Auch dürfen die Bürgen des Schuldners nicht gepfändet werden, solange der Hauptschuldner in der Lage ist, die Schuld zu begleichen; und wenn der Hauptschuldner die Schuld nicht begleicht, da er nicht über die Mittel zur Begleichung verfügt, müssen die Bürgen für die Schuld einstehen. und überlassen Sie ihnen die Ländereien und Pachtzinsen des Schuldners, wenn sie dies wünschen, bis sie für die Schulden entschädigt sind, die sie für ihn bezahlt haben, es sei denn, der Hauptschuldner kann den Nachweis erbringen, dass er gegenüber den genannten Bürgschaften davon befreit ist.

10. Wenn jemand, der von den Juden eine große oder kleine Summe geliehen hat, stirbt, bevor das Darlehen zurückgezahlt wird, wird die Schuld nicht verzinst, solange der Erbe minderjährig ist, wen auch immer er beanspruchen mag; und wenn die Schuld in unsere Hände fällt , werden wir nichts anderes als den in der Anleihe enthaltenen Hauptbetrag nehmen.

11. Und wenn jemand in der Schuld der Juden stirbt, soll seine Frau ihre Mitgift erhalten und nichts von dieser Schuld bezahlen; und wenn Kinder des Verstorbenen minderjährig bleiben, müssen sie im Einklang mit dem Besitz des Verstorbenen mit dem Nötigsten versorgt werden; und aus dem Rest soll die Schuld beglichen werden, wobei jedoch die fälligen Dienste den Feudalherren vorbehalten bleiben; Ebenso soll es mit Schulden geschehen, die anderen als den Juden zustehen.

12. Unserem Königreich darf keine Beute und keine Hilfe auferlegt werden, es sei denn durch gemeinsamen Rat unseres Königreichs, mit Ausnahme der Freilassung unserer Person, der Ernennung unseres ältesten Sohnes zum Ritter und der einmaligen Heirat unserer ältesten Tochter; und für diese darf nicht mehr als eine angemessene Beihilfe erhoben werden. In gleicher Weise soll mit den Hilfen der Stadt London verfahren werden.

13. Und die Stadt London soll alle ihre alten Freiheiten und freien Bräuche haben, sowohl zu Lande als auch zu Wasser; Darüber hinaus beschließen und gewähren wir, dass alle anderen Städte, Bezirke, Gemeinden und Häfen alle ihre Freiheiten und freien Bräuche haben sollen.

14. Und um den gemeinsamen Rat des Königreichs bezüglich der Festsetzung einer Hilfe (außer in den drei oben genannten Fällen) oder einer Scutage einzuholen, werden wir die Erzbischöfe, Bischöfe, Äbte, Grafen und größeren Barone einzeln einberufen lassen durch unsere Briefe; und wir werden eine allgemeine Einberufung durch unsere Sheriffs und Gerichtsvollzieher und andere, die uns an der Spitze haben, zu einem bestimmten Zeitpunkt, nämlich nach Ablauf von mindestens vierzig Tagen, und an einem bestimmten Ort durchführen lassen; und in allen Schreiben einer solchen Vorladung werden wir den Grund der Vorladung angeben. Und wenn die Vorladung auf diese Weise erfolgt ist, soll die Angelegenheit am festgesetzten Tag gemäß dem Rat der Anwesenden fortgeführt werden, auch wenn nicht alle Vorgeladenen gekommen sind.

15. Wir werden in Zukunft niemandem die Erlaubnis erteilen, von seinen eigenen freien Pächtern Hilfe anzunehmen, außer um seine Person freizukaufen, seinen ältesten Sohn zum Ritter zu machen und einmal seine älteste Tochter zu heiraten; und in jedem dieser Fälle wird nur eine angemessene Beihilfe erhoben.

16. Niemand darf für die Leistung eines größeren Dienstes gegen ein Ritterhonorar oder für eine andere kostenlose Pacht gepfändet werden, als ihm dadurch zusteht.

17. Gemeinsame Klagegründe sollen nicht unserem Gericht folgen, sondern an einem festen Ort stattfinden.

18. Untersuchungen zu Novel Disseisin, Mort d'Ancestor und Darrein Presentment dürfen nicht anderswo als vor ihren eigenen Bezirksgerichten durchgeführt werden, und zwar in der folgenden Weise: Wir, oder, wenn wir außerhalb des Reiches sind, unser oberster Richter, werden viermal im Jahr zwei Richter durch jeden Kreis schicken, die allein mit vier vom Kreis gewählten Rittern des Kreises die besagten Schwurgerichte im Kreis abhalten sollen Gericht, am Tag und am Ort der Sitzung dieses Gerichts.

19. Und wenn einer der genannten Schwurgerichte am Tag des Bezirksgerichts nicht angenommen werden kann, sollen von den Rittern und Grundbesitzern, die an diesem Tag beim Bezirksgericht anwesend waren, so viele übrig bleiben, wie für die ordnungsgemäße Erstellung erforderlich sind von Urteilen, je nach Geschäft mehr oder weniger.

20. Ein Ehrenbürger darf wegen einer geringfügigen Straftat nicht bestraft werden, es sei denn, dies entspricht der Schwere der Straftat; und für ein schweres Vergehen soll er entsprechend der Schwere des Vergehens bestraft werden, wobei jedoch stets seine „Zufriedenheit" gewahrt bleibt; und ein Kaufmann auf die gleiche Weise, der seine „Waren" spart; und ein Schurke soll auf die gleiche Weise gemildert werden, mit Ausnahme seines „Leidens

", wenn er in unsere Gnade geraten ist; und keine der oben genannten Schmähungen darf außer durch den Eid ehrlicher Männer der Nachbarschaft auferlegt werden.

21. Grafen und Barone dürfen nur durch ihre Standesgenossen und nur entsprechend der Schwere der Straftat bestraft werden.

22. Ein Beamter darf in Bezug auf seinen Laienbesitz nur in der oben genannten Weise benachteiligt werden; Darüber hinaus darf er nicht entsprechend dem Umfang seiner kirchlichen Pfründe geschädigt werden.

23. Kein Dorf und keine Einzelperson darf gezwungen werden, Brücken an Flussufern zu bauen, außer denen, die von jeher gesetzlich dazu verpflichtet waren.

24. Kein Sheriff, Polizist, Gerichtsmediziner oder andere unserer Gerichtsvollzieher dürfen Bitten unserer Krone entgegennehmen.

25. Alle Grafschaften, Hundert, Wapentakes und Trithings (mit Ausnahme unserer Grundherrschaften) bleiben zu den alten Mieten und ohne zusätzliche Zahlung.

26. Wenn jemand, der ein Laienlehen von uns hält, stirbt und unser Sheriff oder Gerichtsvollzieher unsere Vorladungsschreiben für eine Schuld, die der Verstorbene uns geschuldet hat, vorlegt, ist es unserem Sheriff oder Gerichtsvollzieher rechtmäßig, die Sachen davon zu pfänden und zu registrieren der Verstorbene, der auf dem Laienlehen gefunden wurde, in Höhe des Wertes dieser Schuld, vor Augen gesetzeswürdiger Männer, stets unter der Voraussetzung, dass von dort nichts entfernt wird, bis die Schuld, die offensichtlich ist, vollständig an uns beglichen ist; und der Rest wird den Testamentsvollstreckern überlassen, um den Willen des Verstorbenen zu erfüllen; und wenn er uns nichts schuldet, gehen alle Besitztümer an den Verstorbenen, wobei der angemessene Anteil seiner Frau und seinen Kindern vorbehalten bleibt.

27. Wenn ein freier Mann ohne Testament stirbt, wird sein Hab und Gut durch die Hände seiner nächsten Verwandten und Freunde unter der Aufsicht der Kirche verteilt, wobei jeder die Schulden behält, die der Verstorbene ihm schuldete.

28. Kein Polizist oder sonstiger Gerichtsvollzieher von uns darf von irgendjemandem Mais oder andere Vorräte annehmen, ohne dafür sofort Geld anzubieten, es sei denn, er kann mit Genehmigung des Verkäufers einen Aufschub davon verlangen.

29. Kein Polizist darf einen Ritter dazu zwingen, Geld anstelle der Burgwache zu geben, wenn er bereit ist, dies in seiner eigenen Person oder (wenn er es selbst aus vernünftigen Gründen nicht tun kann) durch einen

anderen verantwortlichen Mann zu tun. Wenn wir ihn außerdem zum Militärdienst geführt oder geschickt haben, wird er im Verhältnis zu der Zeit, die er unseretwegen im Militärdienst war, von der Wache entbunden.

30. Kein Sheriff oder Gerichtsvollzieher von uns oder eine andere Person darf die Pferde oder Karren eines Ehrenbürgers zum Transportdienst mitnehmen, gegen den Willen des besagten Ehrenbürgers.

31. Weder wir noch unsere Vögte dürfen für unsere Burgen oder für andere unsere Arbeiten Holz nehmen, das uns nicht gehört, gegen den Willen des Besitzers dieses Waldes.

32. Wir werden die Ländereien derjenigen, die wegen eines Verbrechens verurteilt wurden, nicht länger als ein Jahr und einen Tag zurückbehalten, und die Ländereien sollen danach den Lehensherren übergeben werden.

33. Alle Kydells für die Zukunft sollen vollständig von der Themse und Medway und in ganz England, außer an der Küste, entfernt werden.

„praecipe" genannt wird, darf für die Zukunft niemandem ausgestellt werden, wenn es um ein Mietshaus geht, durch das ein Freier seinen Hof verlieren könnte.

35. Es soll in unserem ganzen Reich ein einziges Maß Wein geben; und ein Maß Bier; und ein Maß Mais, nämlich „das Londoner Viertel"; und eine Stoffbahn (ob gefärbt, rotbraun oder „ hellerget "), nämlich zwei Ellen innerhalb der Webkante; von Gewichten sei es auch wie von Maßen.

36. Für eine Inquisitionsurkunde über Leib und Leben soll in Zukunft nichts mehr gegeben oder angenommen werden, sondern sie soll freiwillig gewährt und niemals verweigert werden.

37. Wenn irgendjemand uns durch Honorarbesitz, sei es durch Fronhof oder Burage , oder durch Ritterdienste über irgendein anderes Land verfügt, werden wir (aufgrund dieses Honorarhofs, Fronhofs oder Burgages) nicht die Vormundschaft haben der Erbe oder eines solchen Landes, als wäre es das Lehen eines anderen; Wir dürfen auch nicht die Aufsicht über diese Honorarfarm, das Gehöft oder die Burg übernehmen, es sei denn, diese Honorarfarm schuldet Ritterdienste. Wir werden nicht aufgrund einer geringfügigen Lehnsherrschaft , die irgendjemand von uns durch die Bereitstellung von Messern, Pfeilen oder Ähnlichem innehat, die Vormundschaft über seinen Erben oder über das Land übernehmen, das er einem anderen Herrn durch Ritterdienste innehat.

38. Kein Gerichtsvollzieher darf in Zukunft aufgrund seiner eigenen, unbegründeten Beschwerde jemanden seinem „Gesetz" unterwerfen, ohne dass hierfür glaubwürdige Zeugen herangezogen werden .

39. Kein freier Mann darf gefangen genommen oder eingesperrt oder enteignet oder verbannt oder auf irgendeine Weise vernichtet werden, noch werden wir gegen ihn vorgehen oder ihn auf ihn schicken, es sei denn durch das rechtmäßige Urteil seiner Standesgenossen oder durch das Gesetz des Landes.

40. An niemanden werden wir verkaufen, an niemanden werden wir Recht oder Gerechtigkeit verweigern oder verzögern.

41. Alle Kaufleute sollen eine sichere Ausreise aus England und Einreise nach England haben, mit dem Recht, sich dort aufzuhalten und sich sowohl zu Lande als auch zu Wasser fortzubewegen, um nach den alten und rechten Bräuchen zu kaufen und zu verkaufen, frei von allem böse Zölle, außer (in Kriegszeiten) solche Kaufleute, die aus dem Land stammen, das mit uns Krieg führt. Und wenn solche zu Beginn des Krieges in unserem Land gefunden werden, müssen sie ohne Verletzung ihrer Körper oder Güter festgehalten werden, bis wir oder unser oberster Justizbeamter Informationen darüber erhalten, wie die Kaufleute unseres Landes in der Lage waren Land, das mit uns im Krieg ist, wird behandelt; und wenn unsere Männer dort sicher sind, werden die anderen in unserem Land sicher sein.

42. In Zukunft soll es jedem erlaubt sein, das Land zu verlassen (mit Ausnahme derjenigen, die gemäß dem Gesetz des Königreichs inhaftiert oder verboten sind, sowie der Eingeborenen eines Landes, das sich mit uns im Krieg befindet, und der Kaufleute, die wie oben beschrieben behandelt werden sollen). Unser Königreich und die sichere Rückkehr zu Lande und zu Wasser, mit Ausnahme einer kurzen Zeitspanne in Kriegszeiten, aus Gründen der öffentlichen Ordnung – stets unter Vorbehalt der uns gebührenden Treue.

43. Wenn jemand, der einen Erbschaftsbesitz innehat (z. B. die Ehre von Wallingford, Nottingham, Boulogne, Lancaster oder anderen Erbschaftsbesitz, der in unseren Händen liegt und Baronien sind), stirbt, darf sein Erbe keine andere Erleichterung gewähren und keine andere Leistung erbringen Er hat uns einen Dienst erwiesen, den er dem Baron erwiesen hätte, wenn die Baronie in der Hand des Barons gewesen wäre. und wir werden es auf die gleiche Weise halten, wie der Baron es gehalten hat.

44. Männer, die außerhalb des Waldes leben, müssen von nun an nicht mehr auf allgemeine Vorladung vor unsere Waldrichter treten, es sei denn, sie sind Verfechter oder Bürgen eines oder mehrerer, die für den Wald zuständig sind.

45. Wir werden nur solche zu Richtern, Polizisten, Sheriffs oder Gerichtsvollziehern ernennen, die das Gesetz des Reiches kennen und beabsichtigen, es gut zu befolgen.

46. Alle Barone, die Abteien gegründet haben, über die sie Urkunden der Könige von England besitzen oder die sie seit langem besitzen, sollen deren Vormundschaft haben, wenn sie vakant sind, wie es ihnen gebührt.

47. Alle Wälder, die in unserer Zeit so angelegt wurden, sollen unverzüglich abgeholzt werden ; und ein ähnlicher Weg soll in Bezug auf Flussufer eingeschlagen werden, die von uns in unserer Zeit „zur Verteidigung" gestellt wurden.

48. Alle bösen Bräuche im Zusammenhang mit Wäldern und Gehegen, Förstern und Gehegen, Sheriffs und ihren Beamten, Flussufern und ihren Aufsehern müssen in jedem Landkreis unverzüglich von zwölf geschworenen Rittern desselben Landkreises untersucht werden, die von den ehrlichen Männern desselben gewählt werden Grafschaft, und soll innerhalb von vierzig Tagen nach der besagten Untersuchung vollständig abgeschafft werden, so dass sie niemals wiederhergestellt werden kann, immer vorausgesetzt, dass wir vorher eine Mitteilung darüber haben, oder unser Justiziar, falls wir nicht in England sein sollten.

49. Wir werden alle uns von Engländern übergebenen Geiseln und Urkunden als Bürgen für den Frieden treuer Dienste unverzüglich zurückgeben.

Athee vollständig aus ihren Vogteien entfernen (so dass sie in Zukunft keine Vogtei mehr in England haben werden); nämlich Engelard von Cigogne , Peter, Guy und Andrew von Chanceaux , Guy von Cigogne , Geoffrey von Martigny mit seinen Brüdern, Philip Mark mit seinen Brüdern und seinem Neffen Geoffrey und die ganze Brut derselben.

51. Sobald der Frieden wiederhergestellt ist, werden wir alle im Ausland geborenen Ritter, Armbrustschützen, Unteroffiziere und Söldnersoldaten, die mit Pferden und Waffen gekommen sind, um dem Königreich Schaden zuzufügen, aus dem Königreich verbannen.

52. Wenn jemand von uns ohne das gerichtliche Urteil seiner Standesgenossen enteignet oder aus seinen Ländereien, Burgen, Franchises oder seinen Rechten entfernt wurde, werden wir sie ihm sofort zurückgeben; und wenn hierüber ein Streit entsteht, soll dieser von den fünfundzwanzig Baronen entschieden werden, von denen weiter unten in der Klausel zur Sicherung des Friedens die Rede ist. Darüber hinaus für all jene Besitztümer, die irgendjemandem ohne das rechtmäßige Urteil seiner Standesleute von unserem Vater, König Heinrich, oder von unserem Bruder, König Richard, entzogen oder entzogen wurden und die wir in unserer Hand behalten (oder die als im Besitz anderer, denen wir verpflichtet sind, sie zu garantieren) haben wir eine Frist bis zur üblichen Zeit der Kreuzfahrer; mit Ausnahme der Dinge, zu denen unser Orden vor unserer Kreuznahme eine Bitte

vorgebracht oder eine Untersuchung durchgeführt hat; aber sobald wir von der Expedition zurückkehren, werden wir darin sofort volle Gerechtigkeit gewähren.

53. Darüber hinaus werden wir die gleiche Frist und auf die gleiche Weise haben, wenn es um die Abholzung oder Erhaltung der Wälder geht, die Heinrich, unser Vater, und Richard, unseren Bruder, aufgeforstet haben, und um die Verwaltung von Ländereien, die zum Lehen eines anderen gehören (nämlich solche Vormundschaften, wie wir sie bisher aufgrund eines Lehens hatten, das irgendjemand von uns durch Ritterdienste innehatte) und in Bezug auf Abteien, die auf anderen Lehen als unserem eigenen gegründet wurden und auf die der Herr des Honorars Anspruch darauf hat, Recht zu haben; und wenn wir zurückgekehrt sind oder von unserer Expedition absehen, werden wir allen, die sich über solche Dinge beschweren, sofort volle Gerechtigkeit widerfahren lassen.

54. Niemand darf auf Berufung einer Frau wegen des Todes eines anderen als ihres Mannes verhaftet oder inhaftiert werden.

55. Alle gegen uns zu Unrecht und gegen das Gesetz des Landes verhängten Geldbußen und alle zu Unrecht und gegen das Gesetz des Landes verhängten Beeinträchtigungen sollen gänzlich erlassen werden, andernfalls soll es ihnen gemäß der Entscheidung der Fünf geschehen und zwanzig Barone, die weiter unten in der Klausel zur Sicherung des Friedens oder nach dem Urteil der Mehrheit derselben erwähnt werden, zusammen mit dem oben genannten Stephen, Erzbischof von Canterbury, wenn er anwesend sein kann, und allen anderen, die er kann zu diesem Zweck mitbringen möchten, und wenn er nicht anwesend sein kann, wird das Geschäft dennoch ohne ihn fortgeführt, vorausgesetzt immer, dass, wenn einer oder mehrere der oben genannten fünfundzwanzig Barone in einer ähnlichen Klage sind, sie soweit entfernt werden Was dieses besondere Urteil anbelangt, so werden andere an ihre Stelle gesetzt, nachdem sie vom Rest derselben fünfundzwanzig nur zu diesem Zweck ausgewählt und nachdem sie vereidigt wurden.

56. Wenn wir Waliser ohne das gerichtliche Urteil ihrer Standesgenossen in England oder Wales enteignet oder von Land oder Freiheiten oder anderen Dingen entfernt haben, werden sie ihnen sofort zurückgegeben; und wenn darüber ein Streit entsteht, soll dieser in den Märschen durch das Urteil ihrer Kameraden entschieden werden; für die Mietshäuser in England nach dem Recht von England, für die Mietshäuser in Wales nach dem Recht von Wales und für die Mietshäuser in den Marken nach dem Recht der Marken. Die Waliser sollen uns und den unseren das Gleiche antun.

57. Darüber hinaus für all jene Besitztümer, die einem Waliser ohne das rechtmäßige Urteil seiner Standesleute von König Heinrich, unserem Vater,

oder König Richard, unserem Bruder, entzogen oder entzogen wurden und die wir in unserer Hand behalten (oder die besessen sind). durch andere, und was wir rechtfertigen sollten), werden wir bis zur üblichen Amtszeit der Kreuzfahrer Aufschub erhalten; mit Ausnahme der Dinge, zu denen unser Orden vor der Annahme des Kreuzes eine Klage erhoben oder eine Untersuchung durchgeführt hat; aber sobald wir zurückkehren (oder wenn wir vielleicht von unserer Expedition absehen), werden wir sofort volle Gerechtigkeit in Übereinstimmung mit den Gesetzen der Waliser und in Bezug auf die oben genannten Regionen gewähren.

Llywelyn und alle Geiseln von Wales sowie die uns als Sicherheit für den Frieden übergebenen Urkunden sofort übergeben .

59. Wir werden gegenüber Alexander, dem König von Schottland, hinsichtlich der Rückkehr seiner Schwestern und seiner Geiseln sowie hinsichtlich seiner Wahlrechte und seiner Rechte dasselbe tun, wie wir es gegenüber unseren anderen Baronen von England tun werden, es sei denn, dies sollte der Fall sein sei anders gemäß den Urkunden, die wir von William, seinem Vater, dem ehemaligen König von Schottland, besitzen; und dies soll nach dem Urteil seiner Kollegen in unserem Gericht geschehen.

60. Darüber hinaus sollen alle oben genannten Bräuche und Freiheiten, deren Bräuche wir in unserem Königreich gewährt haben, soweit sie uns gegenüber unseren Männern betreffen, von unserem gesamten Königreich eingehalten werden, sowohl von Geistlichen als auch von Laien, soweit dies betrifft ihnen gegenüber ihren Männern.

61. Um Gottes willen und zur Verbesserung unseres Königreichs und zur besseren Beilegung des Streits, der zwischen uns und unseren Baronen entstanden ist, haben wir alle diese Zugeständnisse gemacht, in dem Wunsch, dass sie sie für immer in vollständiger und fester Dauer genießen sollten , Wir geben und gewähren ihnen die garantierte Sicherheit, nämlich dass die Barone fünfundzwanzig Barone des Königreichs wählen, wen immer sie wollen, die mit aller Macht verpflichtet sein sollen, die zu beobachten und zu halten und ihre Einhaltung zu veranlassen Frieden und Freiheiten, die wir ihnen durch diese unsere vorliegende Charta gewährt und bestätigt haben, damit wir, oder unser Gerichtsvollzieher, oder unsere Gerichtsvollzieher oder einer unserer Beamten in irgendetwas irgendjemandem gegenüber ein Verschulden begehen oder irgendjemanden brechen der Artikel dieses Friedens oder dieser Sicherheit, und die Straftat wird vier Baronen der vorgenannten fünfundzwanzig mitgeteilt, die besagten vier Barone sollen sich an uns (oder unseren Justiziar, wenn wir außerhalb des Reiches sind) wenden und verurteilen Die vor uns liegende Übertretung bitte um unverzügliche Wiedergutmachung dieser Übertretung. Und wenn wir die Übertretung nicht innerhalb von vierzig Tagen korrigiert haben (oder, falls

wir uns außerhalb des Reiches befinden, wenn unser Richter sie nicht korrigiert hat), gerechnet von dem Zeitpunkt an, an dem sie uns (oder unserem Land) mitgeteilt wurde justiciar, wenn wir außerhalb des Reiches sein sollten), werden die oben genannten vier Barone diese Angelegenheit den übrigen fünfundzwanzig Baronen übergeben, und diese fünfundzwanzig Barone werden zusammen mit der Gemeinschaft des gesamten Reiches Zwangsvollstreckungen und Bedrängnisse verüben uns auf alle möglichen Arten, nämlich durch die Beschlagnahmung unserer Burgen, Ländereien, Besitztümer und auf jede andere Weise, die ihnen möglich ist, bis eine Wiedergutmachung erfolgt ist, wie sie es für angemessen halten, um unsere eigene Person und die Personen unserer Königin und unserer Kinder unschädlich zu machen; und wenn Wiedergutmachung erfolgt ist, werden sie ihre alten Beziehungen uns gegenüber wieder aufnehmen. Und jeder im Land soll schwören, den Befehlen der besagten fünfundzwanzig Barone zur Ausführung aller oben genannten Angelegenheiten Folge zu leisten und uns gleichzeitig mit allen Kräften zu belästigen; und wir gewähren öffentlich und frei jedem, der schwören möchte, die Erlaubnis, und wir werden niemandem das Schwören verbieten.

Alle übrigen im Land, die aus eigenem Antrieb und aus eigenem Antrieb nicht bereit sind, den Fünfundzwanzig zu schwören , ihnen bei der Unterdrückung und Belästigung von uns zu helfen, werden wir durch unseren Befehl dazu zwingen, in der oben genannten Weise zu schwören. Und wenn einer der fünfundzwanzig Barone gestorben ist oder das Land verlassen hat oder auf andere Weise handlungsunfähig geworden ist, die die Durchführung der oben genannten Bestimmungen verhindern würde, sollen diejenigen der besagten fünfundzwanzig Barone, die noch übrig sind, einen anderen wählen Er soll seinen Platz nach eigenem Ermessen einnehmen und auf die gleiche Weise wie die anderen schwören. Darüber hinaus gilt in allen Angelegenheiten, deren Ausführung diesen fünfundzwanzig Baronen anvertraut ist, für den Fall, dass diese fünfundzwanzig anwesend sind und sich über irgendetwas nicht einig sind, oder wenn einige von ihnen nach ihrer Vorladung nicht bereit oder nicht in der Lage sind, anwesend zu sein, das, was sie tun Die Mehrheit der anwesenden Ordinarien oder Befehlshaber soll als festgelegt und festgelegt angesehen werden, genau so, als ob alle fünfundzwanzig dem zugestimmt hätten; und die besagten fünfundzwanzig sollen schwören, dass sie alles Vorstehende treu befolgen und dafür sorgen werden, dass es mit aller Kraft eingehalten wird. Und wir werden von niemandem, weder direkt noch indirekt, etwas erreichen, wodurch ein Teil dieser Zugeständnisse und Freiheiten widerrufen oder eingeschränkt werden könnte; und wenn solche Dinge beschafft wurden , sollen sie ungültig und nichtig sein, und wir werden sie niemals persönlich oder durch andere verwenden.

62. Und all den Willen, den Hass und die Bitterkeit, die seit dem Zeitpunkt des Streits zwischen uns und unseren Männern, Geistlichen und Laien, entstanden sind, haben wir allen vollständig erlassen und vergeben. Darüber hinaus haben wir von Ostern im sechzehnten Jahr unserer Herrschaft bis zur Wiederherstellung des Friedens alle Verfehlungen, die durch den besagten Streit verursacht wurden, allen, sowohl Geistlichen als auch Laien, vollständig erlassen und, soweit es uns betrifft, vollständig vergeben. Und in diesem Zusammenhang haben wir veranlasst, dass für sie Zeugnisbriefe des Lord Stephen, Erzbischof von Canterbury, des Lord Henry, Erzbischof von Dublin, der oben genannten Bischöfe und von Master Pandulf angefertigt werden, die diese Sicherheit und die Zugeständnisse betreffen oben erwähnt.

63. Deshalb werden wir mit Nachdruck anordnen, dass die englische Kirche frei ist und dass die Männer in unserem Königreich alle oben genannten Freiheiten, Rechte und Zugeständnisse haben und behalten, wohl und friedvoll, frei und ruhig, vollständig und vollständig, für sich selbst und ihre Erben, von uns und unseren Erben, in jeder Hinsicht und an allen Orten für immer, wie oben erwähnt. Darüber hinaus wurde sowohl von unserer Seite als auch von Seiten der Barone ein Eid geleistet, dass alle oben genannten Bedingungen in gutem Glauben und ohne böse Absicht eingehalten werden. Gegeben unter unserer Hand – die oben Genannten und viele andere als Zeugen – auf der Wiese namens Runnymede, zwischen Windsor und Staines, am fünfzehnten Juni, im siebzehnten Jahr unserer Herrschaft.

www.ingramcontent.com/pod-product-compliance
Lightning Source LLC
Chambersburg PA
CBHW051418130726
47989CB00007B/2986